教育の力、私学の力

摺河祐彦

序文

我が国は、これまで人類が経験したことのない社会構造の変化の時期を迎えています。江戸時代末期に黒船の来航によって人々は覚醒され、世界に目を向けさせられましたが、現在は「少子高齢社会」の到来によって、自らが将来の日本社会に目を向けなければなりません。

日本は超高齢社会に入り、社会保障関係費は年ごとに1兆円以上も膨らんでいます。人口は少子化により、今世紀半ばには1億人を割ることが予測されています。これによって、65歳以上の高齢者が占める割合は、人口の3分の1に達する見通しです。政府は1980年代以降、これまで公が担ってきたものを、民間に少しずつ委ねるべく、国家財政の見直しに取り組み、現在はまさに社会が最も必要としている部分に配分すべき時期に差しかかっています。その一つが「教育」であると、私は考えます。

日本は近代において、明治維新後いち早く教育制度の充実に着手し、「富国強兵」「殖産興業」を目指して、短期間で欧米の列強国と肩を並べるところまで発展し、世界を驚嘆させました。昭和に入り太平洋戦争を経験し、終戦後の荒廃した焼け跡から奇跡の復興を遂げ、高度経済成長を実現しました。これらは教育によって、すべての国民が、知識や技術はもとより、多くのことを身につけていたからにほかなりません。物事に誠実に取り組むこと、根気強く努力すること、お互いを尊重して協調すること――などは、これまで私たちが大切にしてきた姿勢であり、文化であり美風でもあります。

現在のグローバル社会のなか、平和で安定した生活を維持しようと思えば、知恵を出し合い努力して、多くの分野で世界中の国の人々と結びつき良好な関係を築く必要があります。そのためには、多様な価値観を受け入れることのできる柔軟な思考と寛容な心が求められます。また、お互いの意思疎通を図るためのコミュニケーション能力や、自分の考えを相手に伝えるためのプレゼンテーション能力も重要です。これらは言うまでもなく、教育によって習得できるものです。これまでも、現在も、そしてこれからも、教育は、我が国にとって、最も大切なものと言うことができるでしょう。

２００６（平成18）年、教育基本法が約70年ぶりに改正されました。そのなかで、「私立学校の公共性」について、改めて文言として記述されました。このことは、我が国の教育にとって、大きく一歩を踏み出したものと言えます。

これまで、私立学校は行きたい者だけが進学する学校と考えられてきました。居住している場所には、公立小・中学校という義務教育機関はもちろん、公立高校も用意されており、これらに進学するのが一般的な考え方でした。しかし、高校進学率が

98%を上回り、準義務教育化されている現在、公立高校だけでは進学希望者に対応できない状況にあります。

改正された教育基本法では、公教育は公立と私学で担うものだと言うことが示されました。文部科学省はこれに続き、「公立の私学化」と言われるような公立高校の特色化を推進し、生徒が自らの意思で学校を選択しやすいようにしてきました。同時に、全国の多くの都道府県は、従来の学区を撤廃して選択肢を広げました。また、私立学校もその選択肢の一つとなり得るように、授業料軽減制度を充実させて、経済的な理由いかんにかかわらず、だれでも進学ができるような環境を整えつつあります。

グローバル社会では、「多様化」がキーワードです。日本社会は、狭い国土のなかで、同じ価値観に拠って生活するだけでは成り立ちません。全世界の人々と共生していくためには、さまざまな風土・歴史・宗教等に基づいた、尺度や考え方を尊重できることが必要となります。そのような思考と感性を、教育をとおして身につけるためには、いろいろな教育理念・教育方針を持った学校が存在していなければなりません。

本書では、これまでの我が国の教育を外国の人々の目をとおしてどのように映っていたのかを紹介し、次にこれまでの公立と私学の教育の歴史について、時代背景を重ねながら理解できるように心がけました。歴史を振り返るなかで、公私がその時代の社会に果たしてきた役割と、それぞれの魅力を知っていただければと思います。そして、これからの我が国の社会状況についても、図表なども交えて骨格だけではありますが、まとめさせてもらいました。最後に２０５０（平成62）年に向けた公教育の姿を、私なりに描いてみました。

私自身、長年私学に身を置いていますので、どうしても身びいきで読み苦しいところがありますことをお許しください。

公教育の健全な姿は、公・私間の協調のもと、ひたすら生徒の成長を願って、日々の教育活動に取り組むことだと確信しております。これからの公教育は、公立と私学が手を携えて、互いの長所を認め合い尊重し、時に切磋琢磨しながら、それぞれが向上できるような教育環境を創造しなければなりません。これからも、その実現に向けて力を尽くしてまいります。

最後になりましたが、本書を著すに当たりまして、富士見丘中学・高等学校 吉田晋先生、八雲学園中学・高等学校 近藤彰郎先生、横浜翠陵中学・高等学校 堀井基章先生、聖光学院中学・高等学校 工藤誠一先生、千葉英和高等学校 大羽克弘先生、水戸女子高等学校 鈴木康之先生、智辯学園和歌山中学・高等学校 藤田清司先生、近江兄弟社中学・高等学校 藤澤俊樹先生、如水館中学・高等学校 山中幸平先生、筑陽学園中学・高等学校 新田光之助先生、灘中学・高等学校 和田孫博先生、神戸常盤女子高等学校 旭次郎先生には、アンケートにご協力いただき、まことにありがとうございました。それぞれの学校の充実した取り組みを知ることによって、私学の教育水準の高さを再認識し、参考にさせていただきました。ここに改めましてお礼を申し上げます。

平成28（2016）年3月

摺河　祐彦

目次

第2章　公立校と私学の歴史を探る——教育の起源と発展・39

第3章　明治期以降にみる公立校と私学の軌跡・101

第4章　日本社会の将来像――２０５０年を見据えて・157

第1章

世界に冠たる日本の教育

1　海外からみた日本の教育

高い水準にある日本の教育

皆さんは「日本の教育」と聞いて、どのようなイメージを持たれるでしょうか。ゆとり教育※1に象徴される教育行政の迷走、それに伴う学力の低下、学ぶ意欲や主体性の欠如した子どもの増加、さらに深刻化するいじめや不登校の問題など、ネガティブなイメージを頭に浮かべる人も少なくないかもしれません。

とくに年配の方は、かつて〝世界一〟と評されたこともある日本の教育を想い起こし、いまの状況を不甲斐なく思っているのではないでしょうか。実際、経済協力開発機構（ＯＥＣＤ）による国際学習到達度調査（ＰＩＳＡ）で、義務教育修了段階（15歳）の学力（56カ国・地域）についてみると、２００６（平成18）年調査の結果は、「数学的リテラシー」10位（２００３年６位）、「読解力」15位（同14位）、「科学的リテラシー」６位（同２位）となり、ゆとり教育に伴う影響が大きく報じられました。ちなみに、最新の２０１２年調査（65カ国・地域）結果では、「読解力」と「科学的リテラシー」で４位、「数学的リテラシー」で７位と盛り返しています。

確かに、この結果はかつての日本と比較すれば物足りないかもしれませんが、順位

※1　無理のない学習環境のもと、子どもが自ら学び考える力の育成を目指した教育方針。１９７７（昭和52）年度の学習指導要領で「ゆとりと充実」が謳われ、１９９９（平成11）年度の改正、２００２年度からの実施によって、「総合的学習の時間」新設、絶対評価導入などが実験的に始まる。週５日制完全実施に伴う授業時間削減による学力低下が問題となり、文科省は２００８年３月、中央教育審議会答申に沿って、授業数増加を盛り込んだ指導要領に改定した。

そのものは決して低いものではありません。また、同調査の大人版と言われる国際成人力調査（ＰＩＡＡＣ、24カ国・地域）によると、３分野のうち「ＩＴを活用した問題解決力」は10位にとどまったものの、「読解力」と「数的思考力」はいずれも1位となりました。海外のメディアでは、こうした日本の教育について、機械的な暗記偏重という批判があるものの、義務教育期間の長さ、高校段階での「必修科目」の幅広さ、繰り返されるテストが、学問に対する基本的な関心や意欲につながっていると指摘し、日本人の平均的な学力の高さを讃える声も少なくありません。

「東洋の奇跡」の原動力とは

日本の教育が世界から注目されたのは、いまから半世紀以上も前の１９６０年代と言われています。第二次世界大戦が終結した１９４５（昭和20）年、大戦による日本の国富損失額は約25％にのぼり、工場をはじめとする生産施設は軒並み壊滅状況に陥りました。空襲によって国土の多くは焦土と化し、人々は衣食住のいずれも過酷な状況に苦しんでいたのです。多くの学校もまた空襲の被害を受け、青空教室で授業をしていたところも珍しくありませんでした。

ところが、ゼロからの再スタートを余儀なくされた日本は、朝鮮戦争特需[※2]という恩恵を受けた面があったにせよ、経済復興に成功します。１９５０年代半ば以降は、

※2　１９５０（昭和25）～53年に行われた、大韓民国と朝鮮民主主義人民共和国の武力衝突。米国の介入により、戦争に必要な物資・サービスを日本で調達したため、日本経済に大きな需要と利潤を与え、当時外貨不足に悩んでいた日本に外貨収入をもたらした。

世界に例をみない高度経済成長への道を歩み、１９６８年には、自由経済圏で米国に次ぐ第2位の経済大国へと躍進を遂げていきました。きわめて短期間に急速な経済的発展を遂げた日本は、世界中から「東洋の奇跡」と称賛されたのです。

日本の復活はなぜ実現できたのか——欧米の経済学者たちはここに注目し、その理由について競って研究に取り組みました。その結果、日本経済がきわめて早く立ち直れたのは、太平洋戦争によって大量の死者（約３１０万人）が出たにもかかわらず、優秀な人材がなお数多く存在したことが大きな要因と考えられました。言い換えれば、戦前の日本における教育成果に素晴らしい蓄積があったからだ、という認識が主流となったのです。

一方で、第二次世界大戦後、欧米諸国の植民地であったアジアやアフリカの国々が、次々と独立を果たしていきました。しかし、その多くで近代化がなかなか進展しませんでした。なぜうまくいかないかを検証するなかで、発展の成功モデルはないかと探していたら、彼らは日本という格好の手本の存在に気づくことになります。

日本の成功モデル——その本質は何かと言うと、人づくりに力を入れたことにありました。義務教育期間を中心とした学校教育の普及・拡充に加え、家庭や職場、さらに社会全体が、子どもたちや若者たちを一人前の人間として育てる土壌がありました。とりわけ特徴的なのは、知識や専門的技術の習得より前に、人間性の習得に重点を置くことが当たり前だったことです。嘘をつかず正直であること、真面目に努力すること、すぐにあきらめないで粘り強く頑張ること、他人に迷惑をかけないこと――こうした特性を、多くの国民が身につけていきました。

その結果、大半の国民が基礎学力と社会マナーを身につけ、勤勉かつ真面目で、器用さと粘り強さを兼ね備えた〝良質な労働力〟として、産業界の成長を支えることになったのです。開発途上国の多くはここに注目し、日本をモデルとした教育環境等の整備に着手し始めました。

合言葉は「日本に学べ」

1963（昭和38）年に英国からの独立宣言を行い、1965年にマレーシアから独立を果たしたシンガポールもその一つです。シンガポールは天然資源がほとんどなく、食糧はもちろん水さえもマレーシアに頼らなければなりませんでした。それから50年、シンガポールは著しい経済発展を遂げ、一人当たりの国内総生産（GDP）では2007年に日本を抜いてアジアで一番になりました。

このシンガポールの経済発展にはさまざまな要因がありますが、人づくりに力を入れたこともその一つと言っていいでしょう。優れた人材こそが最大の資源との認識のもと、国家予算の約2割を教育分野につぎ込んでいます。二言語政策を導入し、国際語として重要度を増している英語をすべての国民に学ばせ、産業国家に必要な価値観を身につけさせました。１９７９年からは、「日本に学べ」運動を推進し、勤勉な態度を見習うとともに、日本の企業経営、労使一体型経営、品質管理（Quality Control：ＱＣ）活動などの導入に努めました。

シンガポールのリー・クワン・ユー※3は当時、「シンガポールのオフィスでは、終業時間の前からそわそわし始め、ベルとともに職場を出る。日本企業のオフィスに行ったことがあるが、日本人職員は、自分に与えられた仕事ではないが、窓を閉め掃除をしてから退去する。自分が『日本に学べ』キャンペーンを始めたのは、こういうことだ」と語ったといいます。

マレーシアも、日本から学ぼうと「ルック・イースト政策」を展開しました。これは、１９８１年に首相に就任したマハティール※4によるもので、個人の利益より集団の利益を優先する日本の労働倫理を手本とし、過度の個人主義や道徳・倫理の荒廃をもたらすとみられた西欧的な価値観の修正に取り組みました。

ちなみに、マレーシアの大学には日本への留学生向けの日本語コースが設けられ、日本・マレーシア両政府が奨学金を支給しています。留学を終えて帰国した学生は、マレーシア政府や企業の中枢に入り、国を率いてきました。

このように、アジアをはじめとする多くの国が、日本を成功モデルと位置づけ、日

※3
Lee Kuan Yew（１９２３〜２０１５）。シンガポールの政治家。１９６５（昭和40）年の独立以来、90（平成２）年まで首相を務め、外資導入による工業化社会開発を推進した。退任後は上級相内閣顧問。

※4
Mahathir bin Mohamad（１９２５〜）。マレーシアの政治家。１９８１（昭和56）年、第４代首相に就任。２００３（平成15）年まで22年間首相を務め、マレーシアの経済発展を軌道に乗せた。

本の教育から学んだことにより、大きな成長と発展を遂げていきました。

大きかった江戸時代の教育的蓄積

日本における高度経済成長と教育の関係についてみる時、1872（明治5）年の学制[※5]発布以降、早い段階で近代的な公教育制度を導入したことが重要である、という指摘がよくなされます。確かに、明治政府は「文明開化」「富国強兵」「殖産興業」というスローガンのもと、苦しい財政状況にあって、将来の国家を担うエリート養成に着手する一方で、国民全体の教育水準の向上（＝平準化）に力を注ぎました。こうした教育を受けた人々が、のちに経済大国へと日本を導く基礎を築いたのです。だからこそ、日本は戦後、奇跡の経済発展を遂げることができた、というわけです。

教育の成果として、第一次産業から第二次産業へ急速な転換が進むなか、農村から都市へと流れた教育水準の高い勤勉で優秀な労働力を、比較的安い賃金で雇用することが可能となりました。また、終身雇用、年功序列賃金などの労使慣行に支えられ、多くの職場において協調的な関係が形成されたことも、大きな要因の一つでしょう。

しかし私は、明治期における教育制度の整備が果たした影響も認めたうえで、さらに時代をさかのぼる必要があるのではないか、と考えています。それは、江戸時代における優れた教育力の存在です。寺子屋はその象徴とも言えるでしょう。

※5
日本最初の近代学校制度に関する基本法令。全国を大学区・中学区・小学区に区分し、学区制により小・中・大学校を設置することにしたが、規定どおりには実施されず、1879（明治12）年の教育令公布とともに廃止。

私学と重なる寺子屋の教育

寺子屋は、一般庶民の子どもたちに、読み書きと算盤《そろばん》、日常生活を送っていくうえで必要な道徳を教える民間教育機関です。とくに江戸時代中期以後に発達し、都市や村々を問わずおびただしい数の寺子屋がつくられました。

私学が学校創立者の「建学の精神」のもと、それぞれの理想に基づいた教育に取り組んでいるように、寺子屋もまた、それぞれの師匠が育てたい人物像の実現を目指して、きわめて情熱のこもった教育を展開しました。その意味では、寺子屋は私学と重なる部分がとても大きな教育機関ということができるでしょう。そして寺子屋は、村役人・僧侶・神職・富裕な町人などによって私的に運営され、師匠（教師）が、『庭訓往来《ていきんおうらい》』『実語教』『童子教』など当時出版されていた書籍を教科書に用いて、読み・書き・算盤などの日常生活に役立つことや、幕府の法令、道徳などを教えました。寺子屋による教育が、多くの人々のなかで浸透していたことで、後述するように、江戸から明治にかけての日本人の識字率は、世界最高水準にあったと言われています。

寺子屋には、日本の教育の豊かさが凝縮されています。そこには、子どもたちを「一人前の人間に育てる」という簡潔かつ明確な目的があったからです。寺子屋の教育では、何よりもまず子どもに礼儀をしつけることが重視されました。「礼儀なき子どもは読み書きを学ぶ資格なし」と言われたのはそのためです。このことは、どのような町や村の、だれによって運営されている寺子屋であっても、基本的に変わりませんでした。日本で行われる教育の原点は、寺子屋にあると言われる所以《ゆえん》です。

庶民の子どもたちへの教育のために、一般の民間人が、自らの経験や見識をもとに個人的に指導する私的教育機関が存在したこと、その必要性を認識して運営に当たる人が数多くいたこと、こうした師匠の人柄や人間性を慕って多くの子どもたちが集まってきたこと。そして、そうして生まれたいくつもの寺子屋が、人間教育という同じ方向を向いて教育に携わったこと。そのような要因が、高い識字率や、礼儀正しさ、人を思いやる心、社会マナーを育み、勤勉で真面目な国民気質が着実に根づいていったのです。江戸時代における〝初等教育〟がことのほか充実し、それが私的に運営されていたことは、大きな財産となっていたのです。

一方で、国民一人ひとりが、学問や見識に敬意を払い、子どもの教育にお金をかけることを厭わない気持ちを持っていたことも、日本の教育が大きな成果をあげた要因と言えるでしょう。日本では以前から、親はどんなに貧しくとも子どもの学費だけは必死に工面する、という伝統がありました。自分たちの身を削ってでも子どもの教育のためには、という親がたくさん存在していたわけです。多くの師匠が街のいたるところにいて教授していたことからも、教育熱心な国民性は受ける側ばかりではなく、教える側にもあったのではないかと思います。寺子屋がきわめて高い普及率を記録していた背景には、こうした伝統があったからと言えます。

徳川末期における日本の識字率は、男子で40～50%、女子でも15%にのぼった、という驚くべきデータが存在します。帝政ロシアで約5%、イングランドでも20%に過ぎなかったと言われるだけに、この数字がきわめて優秀だったことが分かるはずです。家庭における教育熱、教える側の熱意と思い、そして寺子屋の普及がその原動力となったのは間違いありません。

2　外国人が賞賛した日本社会

日本人としての誇り

２０１１（平成23）年に起きた東日本大震災は、死者行方不明者2万人弱という歴史上最悪とも言える甚大な被害をもたらしました。多くの日本人の心に「傷」を残したこの災害とその教訓は、決して風化させてはならないことは言うまでもありません。

一方でこの大震災は、私たちに、日本人のＤＮＡに組み込まれた美徳を目にみえるかたちで気づかせてくれました。被災者の人々の多くは、悲しみと不安のなかでも礼節を失うことがありませんでした。限られた救援物資を分け合い、譲り合う姿があちこちでみられました。「自分よりもっと困っている人」の存在を常に念頭に置いた彼らの言動は、私たちに日本人であることの自覚と自信を呼び起こしました。

「日本人は、まだ日本人だった」――そう伝えたマスメディアもありました。日本人のこうした美徳と生き る姿勢とを、これからの時代を生きる子どもたちに伝えていくことは、とても大切なことです。

世界からの賞賛も相次ぎました。「日本人のマナーは世界一」「人類で最高の先進性が日本にある」といった声のほか、「日本には最も困難な試練に立ち向かうことを可能にする『人間の連帯』がいまも存在している。ほかの国ならこうした状況下で簡単に起こり得る混乱や暴力、略奪などの報道がいまだに一件もない」（ロシア）、「自然が引き起こした混乱に、秩序を保つことで挑んでいる」（シンガポール）、「非常時におけるマナーの良さは教育の結果。日中の順位が逆転したＧＤＰの規模だけで得られるものではない」（中国）――など、改めて日本人の持つ国民性に注目が集まりました。

東日本大震災以外でも、サッカーワールドカップ・ブラジル大会において、観客席をきれいに清掃してからスタジアムを後にした日本人サポーターたちの姿が賞賛されたことも、記憶に新しいものです。

これらは、日本人の気質や特性の高さを示すものであり、世界標準にすべきだという声すら聞こえてきます。そして、こうした日本人の言動の背景にあるのが、長年にわたって貫かれてきた人間教育の蓄積であり、海外からの評価は日本の教育に対する賞賛の声でもあるのです。

「尊い国」(アインシュタイン)

日本を賞賛する声は、決して新しい現象ではありません。むしろ、かつての日本のほうが、海外の人たちにとって衝撃的な存在であったことは、さまざまな時代の、さまざまな文献から読み取ることができます。そこでは、日本を訪れた多くの外国人たちが、当時の日本社会、あるいは日本人のありようなどについて賞賛しています。

とりわけ有名なのは、相対性理論で知られるドイツ人物理学者アルベルト・アインシュタイン(1879~1955)です。「我々は神に感謝する。我々に日本という尊い国をつくっておいてくれたことを」は、彼の言葉です。アインシュタインは1922(大正11)年、ノーベル物理学賞を受賞する直前、日本の出版社社長からの招待を受けて初めて来日し、同年11月17日から12月29日まで滞在します。その時に感じたことを綴った「私の日本旅行雑感」のなかで、次のような言葉を残しています。

少し長くなりますが、その一部を紹介しましょう。

「なぜこの国では個人を護る相互の緊密なつながりが、欧米よりも維持しやすいのかといえば、一つの理由がある。自分の気持ちや動揺を表に出さず、どのような状況にあっても動ずることなく平静を保つという日本固有の伝統がそれだ。ここにこそ、ヨーロッパ人にあれほど謎めいてみえるジャパニーズ・スマイルの深い意味があるように思われる。

感情の表出を抑制するよう教育された結果、心は貧弱になり、個人そのものが抑圧されたのだろうか。私はそうは思わない。この国の人々は感情の機微に敏く、ヨーロッパ人よりも他人の気持ちを推し量る力が強いように思われる。感情を表に出さぬという伝統が培われた背景には、こうした日本人特有の性質もあったにちがいない。ぶしつけな言葉に気分を害されるのは変わらないが、ヨーロッパ人はただちに反撃に出て、やられた分はたっぷりお返しする。一方、日本人は気分を害したまま引き下がり、涙を流すのである。

私のような異国の人間にとって、日本人の心の内奥をうかがい知ることは容易でない。どこに行っても、礼儀に身を固めた人々の注目を一身に浴び、もてなしを受ける私の耳に届くのは、慎重に配慮された言葉ばかりで、思わず知らず心の奥から漏れ出て多くを語ってくれる言葉ではない。しかし、人々との直接のつきあいからは得られないことでも、芸術から得られる印象で補うことができるものだ。日本では他のいかなる国よりも豊富で多彩な芸術に出会える。ここで私の言う『芸術』とは人の手が作り出し、形となって残るもの一切を指している」

ここでは、わずか５週間余の日本滞在を通じて、アインシュタインが日本（人）の本質を理解している姿がみて取れます。そして、最後に次のような言葉でこの旅行雑記を締めくくっています。

「日本人は当然ながら西洋の精神が達成した成果に目を見張り、大いなる理想を抱いて学問に没頭し、事実成果を上げつつある。だが、願わくば、日本人には忘れないでほしいのだ。西洋に優る偉大な財産を純粋なままに守り続けることを。それは、生活にほどこされた芸術的造形、個人的な欲の抑制と質朴、日本人の心の純粋と静謐《せいひつ》である」

「最高の国民」(ザビエル)

アインシュタインのほかにも、かつての日本を賞賛する声は少なくありません。以下では、時代をさかのぼりながら、外国人の目を通してみた日本をみていきましょう。

イエズス会設立者のひとりで、初めて日本にキリスト教を伝えた宣教師フランシスコ・ザビエル(1506~52)は、1549(天文18)年8月15日に鹿児島にやって来て、戦国武将の大内義隆、大友宗麟らの保護を受けて布教を開始します。滞在2年3カ月を経て日本を離れ、1552年、広東港外において熱病に倒れ46歳で亡くなりました。彼は滞在中、日本についてこう記しています。

「自分はインドからさらに極東の端の国へ派遣された。蛮族の住んでいる国で、野蛮人ばかりいるのだと思っていたら、国民の半数以上が読み書きをできるなど、驚くべき教育程度を持っている。いまでこの識字率ならば、この国の将来の発展はどれほど素晴らしいものであるか。いままでに発見された国民の中で最高であり、日本人より優れている人々は、異教徒のあいだではみつけられないだろう」

ザビエルは、当時の日本の教育についても、こう述べています。

「日本人は男も女も多くの人たちが読み書きを知っており、とくに武士階級の男女や商人たちは、読み書きができる。ボンザ（＝尼僧）はその寺院で娘たちに、またボンズ（＝僧侶）は若者たちに字を書くことを教えている。また、武士は別な方法で、その家の中に自分の子弟を教育する教師を抱えている」

「特異な国」（慶長遣欧使節）

江戸幕府がスタートして間もない１６１３（慶長18）年には、仙台藩主伊達政宗が、フランシスコ会宣教師ルイス・ソテロを正使、支倉常長《はせくらつねなが》（１５６７～１６３６）を副使として、エスパーニャ帝国（スペイン）の国王フェリペ３世とバチカンのローマ教皇パウロ５世のもとに使節団を派遣しました。「慶長遣欧使節団」です。日本語しか話すことのできなかった彼らの言葉はもちろん通じず、まげを結った髪も相手には奇異にみえたことでしょう。しかし、ヨーロッパの人たちが驚いたのは、独自の文字を持ち、その文字で聖書を翻訳して理解していたことでした。スペインやポルトガルは多くのアジア諸国を植民地にしていましたが、当時のヨーロッパの人たちは慶長遣欧使節を通して、日本だけは特異だということを認識していたのです。彼らの堂々とした態度は、相手に感動を与え、敬意のある対応を引き出したと言われます。

また、政宗がローマ教皇へ宛てて書いた親書、ローマ教皇の肖像画などをみたエスパーニャやローマ教皇庁の人々は、自分たちから遠く離れた場所に素晴らしい文化と技術を持った国・日本があるという事実を知り、そのことに敬意を示したと言います。国・故郷の代表としての誇りと矜持《きょうじ》を持ち、相手の心に響かせる。それが、言語や外見を相手に合わせることでは絶対になし得ない、本当のコミュニケーションです。そしてこのことは、国や時代を超えた普遍的なものだと私は考えています。

「辛抱と優しさを持った教育」（カロン）

1619（元和5）年にオランダ東インド会社の料理人として来日したフランソア・カロン（1600～73）は、平戸のオランダ商館に勤務し、1639（寛永16）年に第8代オランダ商館長に就任しました。日本に22年間滞在、日本女性と結婚して6子をもうけています。彼は、1645（正保2）年に刊行した著書『日本大王国志』において、当時の日本の子どもと教育について次のように述べています。

「日本人は、子どもを注意深く、かつ優しく育てる。たとえ一晩中やかましく泣き叫んでも、叩いたりすることはほとんどない。辛抱と優しさをもってなだめ、悪口を言ったりしない。子どもの理解力はまだ発達しておらず、理解力は習慣や年齢を重ねることにより生まれるので、優しくよい教育によって導かねばならない、と日本人は考えている。7歳から12歳の子どもたちは、驚くほど賢くかつ温和であり、彼らの知識・言語・応対は老人のように成熟し、オランダではほとんどみられないほどである。丈夫に成長していても7歳から9歳までの子どもたちは学校に行かない。この年齢では就学してはならないとされ、彼らは遊び友だちの集団に入り、勉強の代わりに元気いっぱい遊ぶ。学校へ行く年齢に達すると徐々に読書を始めるが、決して強制ではなく、習字も楽しんで習い、無理にさせられてはいない。常に名誉欲をもたせ、他に勝るよう励ます。短時間に多くを学ぶことにより、本人や一族の名誉を高めたほかの子どもの例を示す方法により、子どもたちは厳しい苦痛による方法よりも、さらに多くのことを学ぶ」

このように、中世から近世の初期における事例から分かることは、日本人はこの時代にあって優れた教育が行われ、男女を問わず多くの者が読み書きができた、ということです。主な教育機関は寺院で、僧侶が若者に字を教えていたほか、娘たちも尼寺に通って字を習っていたようです。また、武士が幼い時から家庭で教育を受けていたことは知られていますが、それは親が教えるだけではなく、教師を抱えていたというのは貴重な指摘と言えるでしょう。

一方、当時の日本の育児と教育は、強制や威嚇《いかく》ではなく、辛抱と優しさを持って行われ、プライドをもたせることによって大きな効果をあげていたことが分かります。また、当時の日本社会が、文章や書類を読み書きする力、算盤を用いて整数や分数の加減乗除・比例を計算する力などを備えつつあった様子がうかがえるのです。

「幸福な国民」（ケンペル）／「読書の国」（オイレンブルク）

近世に入って江戸・徳川幕府が誕生すると、鎖国体制が採られたことにより、外国人の来日は長崎など一部の地域に制限されることになります。そのなかで1690（元禄元）年、出島のオランダ商館の医師として来日したドイツ出身のエンゲルベルト・ケンペル（1651〜1716）は、オランダ商館長に随行して、江戸に二度参府し将軍に拝謁しています。滞在の2年間、日本の動植物、風俗、地理、歴史、宗教等あらゆる分野に関心を示しました。没後、日本の見聞を記した『日本誌』が出版されますが、彼はそのなかで、次のように述べています。

「この民は、習俗、道徳、技芸、立ち居振る舞いの点で世界のどの国民にも優り、国内交易は繁盛し、肥沃な田畠に恵まれ、頑健強壮な肉体と豪胆な気性を持ち、生活必需品はありあまるほどに豊富であり、国内には不断の平和が続き、かくて世界でも稀にみるほどの幸福な国民である」

19世紀に入り幕末になると、さまざまな外国文化がもたらされる一方、欧米を中心とする諸外国が日本に接近してきます。そのなかで、プロイセン王国の外交官であるフリードリヒ・アルブレヒト・ツー・オイレンブルク（１８１５〜８１）が、東アジア遠征隊（オイレンブルク使節団）の全権公使に起用され、１８６１（万延２）年１月、江戸幕府とのあいだで日普修好通商条約を成立させました。オイレンブルクは、彼ら一行の滞日記録『オイレンブルク日本遠征記』のなかで、次のように述べています。

「読み書き、国史、道徳哲学などについての青少年教育は、非常に熱心に行われている。いろいろな段階の教育施設もある。多種多様な日本の文字を習得することははなはだむずかしく、かつ苦労の多いものではあるが、書道は低い身分の間でも一般によく広まっている。暇な時の読書は、あらゆる階級の日本人が第一にすることである。本屋には、日本・シナ書のみならず、地理・民俗・天文、その他自然科学の各部門、医学・戦術・兵書等々のヨーロッパ本の翻訳がみられる。本屋は至る所の通りにあり、本は信じられないくらい安く、それでいかに多くの本が読まれているかも分かるのである」

「簡素さと正直の国」（ハリス）

また、初代米国総領事として知られるタウンゼント・ハリス（１８０４〜７８）は、１８５６（安政３）年に伊豆・下田に着任しますが、ここで彼は日本との通商関係を築くために永い交渉を始めます。将軍や幕閣と直接交渉するための江戸駐在を許されず、14カ月ものあいだ、下田に滞在することになります。彼は、時間がある時に下田の田舎道を散歩したり、野菜を植えたり、桜の木の手入れ、鶏や豚等家畜の世話などをして過ごしたそうです。ハリスの残した当時の記録には、彼が日本人とその文化に敬意を払い、下田での生活を心底楽しんでいたことが示されています。

「人々はみな清潔で、食料も十分にあり、幸福そうであった。これまでにみたどの国にもまさる簡素さと正直さの黄金時代をみる思いであった」

また、ハリスが、日本人を外国からの技術導入に躊躇しない人々とみなしたのは、大老の井伊直弼（１８１５〜６０）が、ハリスの馬の脚についていた「蹄鉄」に興味を持ったことがきっかけだと言います。西洋の乗馬には、馬のひづめを守る便利なものがついているのを知るや、井伊はたちまち使者をつかわして、その構造を調べさせ、すぐに、すべての馬に蹄鉄を打たせたのです。このことにハリスは驚き、「（日本人は）自国の進歩に有用なことが判ると、外国の方式を俊敏に採り入れる」と確信したという逸話が残っています。

中世から近世にかけて、著名な外国人が来日し、実際に自分の目でみたものは、世界からほとんど認められてない極東の島国である日本に、きわめて高い水準の教育が行われており、人々が質素ながらも精神的に豊かな生活を送っている姿でした。しかも、その教育は、単に読み・書き・算盤ができるということではなく、人間的な魅力に通じるものに焦点が当てられていました。まだ近代的な学校制度が確立されていない時代にあって、きちんとした人間教育が行き届いていたことこそが、日本人の気質や美徳をつくり出し、のちの日本の発展の土台となったと言ってもいいでしょう。

3　国際比較からみた日本の教育水準

経済発展水準と教育の普及

それでは次に、実際に日本の教育水準が国際的にみてどのような状況にあったのかについて、数字をもとに検証してみましょう。

経済学者M・C・カーザーが、7～14歳までの学齢人口の90％以上が教育を受けている経済水準を国際比較したところ（図表1参照）、日本では1890（明治23）年、一人当たり国民所得117ドル（当時の為替レートで4万2、120円）というきわめて低い段階で、就学率が90％に達しており、教育の普及が急速に進んだことが分かります。

また、1910（明治43）年前後の経済力（一人当たり国民所得）と、人口に占める中等教育就学者の割合の関係をみると（図表2参照）、日本は一人当たり国民所得が280ドル（同10万800円）ときわめて貧しいものの、中等教育就学者の割合はすでに7・1％にのぼっています。日本は1920（大正9）年の段階において、人口に占める中等教育（旧制中学および女学校）を受けている人の割合は、17・2％の水準になります。

当時の日本の財政状況は、近代化の過程において、社会インフラの整備に追われる一方、国防にも力を注がなければ外国から侵略を受け、植民地支配に転落するリスクがあるなど、財政難とも言える状況でした。そのなかで、日本における教育費の支出はかなりの額に及んでおり、国際的にみても非常に異質だったことが分かります。その背景には、国力を高めるためには人づくりが不可欠である、と考えた当時の政府の中長期的視点に立った政策の存在があったことがうかがえます。

図表 1　学齢人口（7～14 歳）の 90％以上が教育を受けている経済水準の国際比較

年代	国名	1 人当たり国民所得（米ドル）
1890	日本	117
1861	英国	550
1870	米国	350
1880	スウェーデン	200
1851	フランス	250
1881	イタリア	350

図表 2　経済力（1 人当たり国民所得）と人口に占める中等教育就学者の割合

国名	1 人当たり国民所得（米ドル）	年代	人口に占める中等教育就学者の割合
日本	280	1910	7.1
英国	1,053	1910	2.0
米国	1,024	1911	5.4
スウェーデン	420	1910	3.0

日本における近代教育の特徴

明治維新後の近代教育は、欧米先進国の教育を模範に成立し、発展してきましたが、一方で、江戸時代の生活と思想を基盤とし、その文化的伝統の上に成立したものと言えるでしょう。明治維新後において短期間に高度な近代社会を成立させることができたことについても、その背景に幕末において文化と教育が高い水準に達していたことを見逃すわけにはいきません。

日本の近代教育の特徴としては、初等教育が短期間のうちに普及したことが挙げられます。これは、寺子屋という江戸時代の蓄積があったからこそ実現できました。その後、藩校や私塾という蓄積のもと、中等教育が急激な伸びを示し、高等教育は中等教育の伸びを基礎にして発展しています。初等教育の普及に長期間を要し、さらに上層階級のための高等教育の準備教育機関として中等教育が徐々に発展してきたヨーロッパ諸国と比較すると、普及のスピードが大きく異なっています。

江戸時代における日本の教育について研究した英国の教育社会学者ロナルド・ドーア（1925〜）も、日本が戦後奇跡の経済成長を遂げるうえで、近代化する前の段階で教育の蓄積があったことを重視しています。江戸時代においてすでに庶民中心の寺子屋があり、数多くの私塾や藩校も存在し、近代化を支える数多くの人材を輩出することができました。徳川政権という260年余に及ぶ平和な時代に多くの教育的蓄積があったからこそ、近代国家に転換し、近代的な教育のネットワークを構築すると、即座に経済の近代化も実現できた、と言うわけです。

第2章

公立校と私学の歴史を探る——教育の起源と発展

1　日本における教育のはじまり

家庭教育が原点

そもそも日本における教育のルーツはどこにあるのでしょうか。教育とは生きるための術《すべ》を教え伝えるもので、もともとはそれぞれの家庭内において、親から子どもへと行われたことに起源があると思われます。

最近は徐々に薄れてきたのかもしれませんが、それぞれの家には、それぞれの「家風」とも呼ぶべきものがあります。先祖代々、何世代にもわたって踏襲してきた慣習・流儀などの行動様式を表しますが、それぞれの家庭において、躾《しつけ》などを通じて独自の教育が行われ、受け継がれてきたからこそ、醸し出されるものと言えるでしょう。

こうした家庭での教育は、次第に共同体における教育へと、その範囲を拡大していくことになります。長老から若者へと、集団の規範や自らの経験を語り聞かせるかたちでです。中世から近世にかけては、丁稚奉公・女中奉公などの奉公生活や、若者組といった集団生活が広く行われていました。若者組とは、村落ごとに組織された伝統的な成年男子（一般的には15～17歳）の集団で、若者頭の統率のもとに、祭礼などの関与をはじめ、村の警防治安などの役割を果たしたほか、地域の規律や生活上のルールを伝えました。また、伝統工芸や民俗芸能といわれる技術は、親方から弟子へ、村の長老から若者へと世代を超え、繰り返し伝承され、いまも脈々と生き続けています。これらの技術伝承は、長年の訓練と経験から得た勘やコツを仕事ぶりと口頭で伝授してきました。

学校教育のルーツ

一方で、こうした一家庭内や共同体とは異なり、広く組織的な教育が求められ、日本において学校らしきものが初めて成立したのは、飛鳥時代の６０２（推古天皇10）年と言われます。その背景には、伝達されるべき高度な文化が伝来したことが挙げられます。古代国家の成立により、高度な文化の伝達が始まり、意図的な教育活動がスタートしました。とくに日本では、外来文化の受容が大きなきっかけとなっており、古代以来、朝鮮経由で中国文化の摂取に努めてきました。

６０２年というのは、中国文化の影響を強く受けていた百済から僧・観勒《かんろく》が来日した年に当たります。彼は、日本に暦法・天文・地理・遁甲《とんこう》※1・方術※2の書をもたらし、彼のもとに書生がついて学んだことが組織的な教育の始まりと言われています。

その後、６７１（天智10）年、白村江の戦い※3の後、日本に亡命した百済人の鬼室《きしつ》集斯《しゅうし》が、現在の文部科学大臣に当たる学識頭《ふみのつかさのかみ》※4に任じられ、庠序《しょうじょ》が設けられました。

※1
中国の占術の一種。

※2
不老不死の術や医術・易占など。

※3
663（天智天皇2）年、朝鮮南西部白村江で行われた日本・百済軍と唐・新羅連合軍との戦い。日本が敗れたことで百済は完全に滅亡し、日本は朝鮮半島から撤退した。

※4
学識頭は律令制における大学頭の前身。

四書五経（四書：大学・中庸・論語・孟子、五経：易経・書経・詩経・礼記《らいき》・春秋）の一つである『孟子』のなかで、「古代においては学問所を庠序学校と呼び、庠は養にて老を敬い、校は教にて民を導き、序は騎射にて身を礼せしむるをいった。夏《か》の代には校と呼び、殷《いん》の代には序と呼び、周の代には庠と呼んだが、これは三代ともに呼び方が異なるだけにて、何《いず》れも人倫を明らかにするを旨としている」と記されているように、庠序学校とは学問所を意味します。

そこで学ぶ学問は、いずれも人の道を教えるものであり、上に立つ者が人の道を明らかにし、教え導けば、民は皆感化され、互いに親しみ、むつみ合うようになる、という意味です。当時の日本はまだ十分に統一された国家とは言えず、律令を基本とする文治主義へ移行するための官僚養成が急がれていました。それゆえ、学校制度の創設を百済から亡命してきた知識人に委ねたものと思われます。

官立学校の起源

日本に本格的な官僚養成機関が登場したのは、奈良時代に大宝律令（701年）が制定されたことに伴うものでした。大宝律令は日本史上初めて律（刑罰法令）と令（主に行政法）がそろって成立した本格的な法制度で、統治の対象は当時の政権が支配していた領域にほぼ一律的に及ぶこととなります。

式部省※5のもとに置かれた大学寮《だいがくりょう》により、官僚候補生である学生《がくしょう》に教育や試験などが行われ、博士という学問を究めた者によって授業が行われました。これは我が国初の公的教育機関であり、貴族のための教育施設ではあったものの、官人《かんにん》の子も八位以上※6なら入学を許され、試験次第で官位が授けられました。また、成績優秀者は学校に残り、博士を目指すこともできたと言われます。

卒業して役人になる場合、成績や出身身分などに応じて位階を受け、それに相当する官職に任命されます。しかし一方で、勤務によってより上位の位階を授かると、それに応じた職務上の昇進が可能となります。職務の上昇とともに身分階級が上昇するわけです。ただし、位階が五位以上の貴族の子は、初めから一定の位階を授かることが約束されているという、蔭位《おんい》の制というシステムが付随していたため、結果的には高位の階層の者たちが上位を占めることになり、努力による昇進には限界がありました。

大学寮におけるスタート時の科目は、明経道《みょうぎょうどう》（中国の経学〈経書の解釈学〉）、算道（算数）で、副教科として中国語の発音を教える音道、書き方を教える書道がありました。この4科に加えて、後に紀伝道（中国の歴史・文学など）や明法道（法律）が加わることになります。

式部省のもとには、このほかにも、各種養成機関として典薬寮《てんやくりょう》※7、陰陽寮《おんようりょう》※8、雅楽《ががく》

※5　現在の人事院に相当する。

※6　当時は正一位から従八位までの16段階。

※7　宮内省に属する医療・調薬を担当する官僚を育成。

※8　中務省に属する占い・天文・暦等の編纂を担当する官僚を育成。

寮《りょう》※9などがあり、教育と人材育成を行うことになりました。

中央官吏養成機関である大学寮のほか、地方には国学が置かれました。入学者は、大学寮が貴族の子弟や朝廷に文筆で仕えてきた人々の子弟、国学が郡司の子弟らをそれぞれ優先しました。学生は、大学寮を修了し、さらに試験に合格してようやく官人となることができました。

その後、平安時代になると、大学寮での学問が重んじられ、とくに明経道や紀伝道（文章道《もんじょうどう》）が盛んになり、貴族は一族子弟の教育のために大学別曹《べっそう》を設けました。これは、大学寮に付属する寄宿施設のようなもので、学生たちは学費の支給を受け、書籍を利用しながら大学寮で学ぶことになります。和気《わけ》氏の弘文院、藤原氏の勧学院、在原氏や皇族の奨学院、橘氏の学館院などが知られます。

しかし、官位がほぼ世襲によって決まる貴族社会では、こうした教育機関は期待したほど発達しませんでした。また、教育者の人材確保に困難が伴うケースが多々みられたとも言われます。平安時代になると、大学寮は、高度な詩文教育のため、文章道が中心となって一時隆盛するものの、8世紀初期の藤原氏の勃興以降、大学寮は衰退し、博士職も世襲へと移行します。家学の形成により、教育の場も学校から家庭に戻っていきました。

このように、律令官僚の養成は、いわば形式的なものでした。その内容も、儒教を

※9　治部省に属する宮廷音楽を担当する官僚を育成。

中心とした支配思想の修得にとどまり、人間教育や人格教育が行われていたわけではありませんでした。

武家社会における教育

鎌倉時代になると、武士の社会が到来します。この時代には、古典研究や有職故実《ゆうそくこじつ》※10の学問の担い手となっていた京都の貴族の力が衰退し、実権を握った武士は武芸の向上に力を注ぎます。武士の生活は簡素で、自らの地位を守るためにも、常に流鏑馬《やぶさめ》※11・笠懸《かさがけ》※12・犬追物《いぬおうもの》※13や巻狩《まきがり》※14などの訓練が行われました。武士たちの日常生活から生まれた「武家のならい」とか「兵《つわもの》の道」「弓馬の道」などと呼ばれる道徳は、武勇を重んじ、主人に対する献身や、一門・一家の誉れを尊ぶ精神、恥を知る態度などを特徴としており、後世の武士道の起源となっています。ここには、これまでになかった人間教育や人格教育の要素がみられます。

一方で、武士たちの精神的なよりどころは仏教であり、とりわけ鎌倉五山※15の禅林の僧が教育の担い手となりました。大学寮や国学は消滅しますが、武士の子弟のための教育機関はとくに設けられず、寺院が教育の場として使われました。寺院学校は全国各地で展開され、読み書きや躾の教育を行ったようです。この時代の教育機関としては、北条実時が現在の横浜市金沢区に作った金沢文庫（1275年頃）が知られて

※10　朝廷や公家の礼式・官職・法令・年中行事・軍陣などの先例・典故。

※11　騎射の一つ。走っている馬上から3カ所の的を鏑矢で次々と射る競技。

※12　騎射の一つ。笠を的にして、馬上から弓で射る競技。

※13　約160m四方の馬場に犬を放ち、騎手が弓を射る競技。流鏑馬、笠懸と合わせて「馬上三物」と言う。

※14　狩場を四方から取り巻き、獣を追い込んで狩る猟。

※15　建長寺・円覚寺・寿福寺・浄智寺・浄妙寺。

います。

その後、室町時代から戦国時代にかけては、教育は私的なものとなり、前述した来日外国人の記述にもあった家庭教師を招いて教育したほか、地方豪族の子弟などが学問を行う場所と言えば寺院が中心となります。なかには、上杉憲実が現在の栃木県足利市で再興した足利学校（１４３９年）[※16]のように、本格的な学問（医学・兵学・天文学など）が教授される教育機関もみられましたが、これは例外的な存在と言っていいでしょう。学問や知識を授受する場所として、それだけを目的としてはたらくようになるのは、何といっても徳川幕府の時代に入ってからのことです。

※16 足利学校は、平安時代初期あるいは鎌倉時代に創設されたものの、室町時代前期には衰退していた。

私学の起源――綜藝種智院《しゅげいしゅちいん》

一方、私学のはじまりは、弘法大師・空海によって開設された、日本初の庶民のための教育機関「綜藝種智院」（８２８〈天長５〉年）にさかのぼると言われています。空海は、綜藝種智院の学則に当たる『綜藝種智院式并序《ならびにじょ》』を著し、その中において「綜藝」とは顕教《けんぎょう》[※17]・密教[※18]・儒教などさまざまな学問を学ぶこととしています。空海は密教を基盤とした真言宗の教祖ですが、それ以外の宗教についても学ぶように指導しました。また、「種智」とは、仏の教え（＝菩提心）を広く世の中に伝えることだと定義しました。

※17 釈迦如来がすべてを明らかに説いた教え。

※18 大日如来が説いた非公開の難解な教え。

綜藝種智院には大きく三つの特徴がありました。一つ目は、総合教育です。儒教・仏教（顕教・密教）などあらゆる思想・学芸を総合的に学ばせることにより、調和のとれた人間育成を目指しました。当時の日本の教育環境をみると、大学寮・国学では主に儒教を専門に教育していたため、仏教（顕教・密教）などは扱っておらず、また仏教を専門に教育する寺院も同様に、儒教など他の学問は基本的に扱っていませんでした。同時期に活躍した最澄も仏教以外の宗教を批判していましたが、空海は個々人の素質を考慮すれば特定の学問だけを学習することは有効な手段ではないとして、他宗との総合調和を掲げ、仏教もその他の思想・学芸とともに教えようとしたのです。

空海は幼少期に叔父の阿刀大足《あとのおおたり》より「論語」「孝経[※19]」などを学んだ後、18歳で大学寮の明経道に入学しましたが、当時の儒教中心の教育内容に満足できず、そのまま卒業すれば官吏（国家公務員）になることができたにもかかわらず途中退学しています。その後仏教に興味を持ち、私費で中国・長安（現在の西安）に留学して、壮大な伽藍や学術、重厚な仏教文化に触れました。長安はアジアやインドなどから渡ってきた多くの外国人が住んでおり、さまざまな文化が入り混じった国際都市でした。そこには仏教や道教以外にも、キリスト教など複数の宗教が混在し、これらが作用し合って長安の繁栄の礎となっていました。また空海は、国際人としてサマルカンド人やペルシャ系の人々と交流することによって、学問が大学寮で学ばれている儒教だけでは

※19　儒教の根本となる孝について実践的に書かれている十三経の一つ。

ないことを実感し、あらゆる学問・思想の伝授が必要だと考えるようになりました。こういった経験を踏まえて、綜藝種智院では偏りのない幅広い教育を実現したのです。

総合教育は、空海が開いた真言宗の「曼陀羅《まんだら》」思想とも通じています。曼陀羅には仏だけでなく、人や動物などさまざまな生物が描かれており、すべてが縁でつながっています。つまりさまざまな物事も広い視野で見極めていくと、共通する大きな本質があるという考え方です。同様に、調和の取れた世界を築くためには総合教育が必要だと考えたものと思われます。この教育の多様性は、今日の私学が提供する教育の特徴と重なるものです。

二つ目の特徴は、「教育の機会均等」です。この時代、原則的には中央の教育機関であった大学寮は主に貴族の子弟を対象とし、地方の教育機関であった国学も郡司の子弟を対象としたことはすでに述べたとおりです。教育機関はきわめて狭き門でした。空海は留学僧として中国・長安へ行った際にだれもが教育を受けられる環境を目の当たりにし、それが繁栄の原動力となっていると考えたことから、庶民の学習の場となる学校を設立したいという思いを募らせていました。

また、空海は高野山の造営に当たって、信助寄進（＝貧者の一灯）を惜しまない山麓の丹生《にう》の一族や氏族・土豪[※20]といった庶民に対する感謝の念があり、こうした人々の子弟のなかにこそ密教の次代を託すべき人材が潜んでいると考えました。そして、

※20
氏族とは共通の祖先を持つ血縁集団、土豪とはその土地の豪族。当時は朝鮮半島や中国から渡来した氏族が、さまざまな技術を武器に富を築いていた。空海は、こうした経済力を持つ一般階級の人々のサポートを受けていた。

「寺院の僧侶はただ仏教をもてあそんでいるだけで、大学寮の秀才は仏教以外の書を読みふけるばかりだ」と嘆き、日本の文化を全体的に高めるために、庶民も通える私塾をつくるべきだと訴えました。多くの人が学ぶ機会を得ることで、国内に能力ある人材が増えて国家の成長につながるとして、綜藝種智院では学びたいと思っても大学寮や国学に入ることができない庶民を含め、出身階層を問わずすべての人を受け入れたのです。このことも、明治期のまだ女子教育が普及していない時代にあって、広く門戸を開くことに力を注いだ私学の姿勢に通じるものがあります。

三つ目の特徴は、「給食制」です。空海は、学業に専念するためには生活に憂いがあってはならないとして、経済的基盤を固めて学校の恒久的な運営を実現し、学生と教員が安心して学べる環境を作るべく、全学生・教員たちの食事を無料で提供する給食制を完備した教育施設の設立を提唱しました。天皇、貴族諸侯、仏教諸宗の高僧らをはじめ、広く世間に支持・協力を呼びかけたところ、以前から中国の教育事情を知っていた平安時代初期の公卿、藤原三守《ふじわらのみもり》から不要になった土地と家屋を寄贈されました。空海自らはもとより清貧に甘んじているから十分の用意はありませんでしたが、こうした外部の支援者の協力によって給食制を実現し、綜藝種智院では名実ともに庶民を対象とした教育が可能になりました。

しかし、空海の死後10年ほど経た８４５（承和12）年、所期の成果を挙げることが困難になったとして、弟子たちによる協議の末に綜藝種智院は売却されたと言われます。理由は、維持費の不足、後継者不在など諸説あります。創立後わずか20年足らずの幕引きではありましたが、日本の教育の草分け的存在であったことは間違いありません。それまで学生の身分や扱う宗教において限定的教育を行ってきた大学寮に対して、私学である綜藝種智院で平等に門戸を開き多宗教を扱う調和的教育を行ったことは、立身出世目的ではない人間教育を初めて実現したと言えるでしょう。

その後、1881（明治14）年、空海の精神に基づき釈雲照により「総黌《そうこう》」が東寺の境内に設立され、真言僧を育成する教育機関として「綜藝種智院」が再興されました。現在では、学校法人真言宗京都学園が統括経営する私学として、洛南高等学校・附属中学校を擁しています。

2　江戸初期にみる教育

❶……江戸初期の官僚教育

「武断」から「文治」へ

1603（慶長8）年に江戸幕府を成立させた徳川家康（1542〜1616）は、全国を300余の大小の領国（藩）に分け、それぞれの領国に大名を配置しました。

これに伴い、兵農分離と士農工商の身分社会のなかで、これまでの戦闘者から領国経営を担う封建官僚として、新たな役割を担った武士が必要となりました。

貴族政権に代わって武家政権が確立して以来、武家の武家たる所以は、戦闘者としての能力と資質にありました。あらゆる武家の作法も教育も戦《いくさ》を前提とし、なんらかの形でそれにつながるものでした。しかし、源頼朝（１１４７〜９９）が京都から大江広元（１１４８〜１２２５）や三善康信（１１４０〜１２２１）らの学者を招いたように、こうした時代にあっても、学問そのものを否定したわけではありませんでした。領国経営に必要な知識を学ぶことも武家の頭領※21に必要な条件だったのです。そのなかで、一族郎党を率い、家臣が命を賭けて仕えるにふさわしい見識と公正な判断力、それに人格的な素養を身につけることが何よりも要求されました。この理想が「文武両道」です。

文武両道という観念は、武家の頭領の理念として広まります。古くは北条時頼（１２２７〜６３）が、儒者の清原教隆《きよはらののりたか》（１１９９〜１２６５）や中原師連《なかはらのもろつら》（１２１９〜８３）ら京都の公家文化に連なる人材を京都から呼び寄せて侍読《じとう》（将軍の側に仕えて学問を教授する学者）とし、治道《ちどう》（国を治める道）の要諦を学んだり、臨済宗の渡来僧・蘭渓道隆《らんけいどうりゅう》に師事して為政者としてふさわしい教養と人格を獲得しようとしたりしたように、武家政権の成立とともにこうした動きをみることができます。

※21　ある集団を統率する立場の人、かしら。

文武両道に類した言葉として、「右文左武《ゆうぶんさぶ》」という表現も古くから使われましたが、これはもともと「文武両道を以て天下を治める」という中国から伝来した概念と言われます。このため文武両道とは、当初は一般武士というよりも、リーダーとしての上級武士の教育理念であったというほうがより正確かもしれません。

戦乱の世に形成された武士の生き方の理想は、平和の時代になると新たな社会的使命、すなわち農工商の三民を治める治者としての役割が求められます。下剋上から秩序を重んじる統治階級にふさわしいものへと変容していったのです。武家社会においても儒教が次第に浸透していくと、公平と正義を重んじる道義的な存在としての武士像が形成されるようになります。そこでは、人間が持つ弱さや私欲を克服し、人が生きるべき「道」を指し示す求道者的な存在としての武士が理想として追求されます。世俗的な欲望を断ち切る「死への覚悟」と、人間の理想である「道の実現」が、「武」と「文」を結びつけ、近世の武士に必要な素養として理解されます。戦国武士から民生を担う封建官僚としての武士への転換です。こうした武士の変容が、武士教育の登場を促した主要な要因となるのです。

武士にとっての学問

そもそも戦国時代、多くの名だたる大名は子弟教育として寺院を活用しており、学問僧を顧問として迎えることが少なくありませんでした。戦国大名が著名な僧侶を招聘して、領国経営に必要な知識や武士の頭領にふさわしい見識と人格を養うという慣習もありました。武田信玄（1521〜73）は8歳から甲府の長禅寺で、上杉謙信（1530〜78）は7歳から春日林泉寺で修行し、徳川家康も駿府の智源院で学んでいます。

新興の戦国大名が早くから、新しい儒学である朱子学を研究する学問僧を保護してきたことはよく知られています。朱子学は、従来の儒学になかった宇宙論・世界観的要素を加え、儒教の体系化を試みたもので、社会の上下秩序を説き、封建制度を支えることになります。相国寺で朱子学を学び、後に「学問の祖」と称された藤原惺窩《せいか》（1561〜1619）も、徳川家康に招かれて講義をしています。

家康は権力を掌握すると、古文献の蒐集保存に努めたり、惺窩の講義を受けた『貞観政要《じょうがんせいよう》※22』、『孔子家語《こうしけご》※23』などの印刷を命じたりするなど、長い戦乱で焼失し、散逸してしまった多くの書物の復刻事業を行う文化事業に着手しました。また、京都・伏見に円光寺学校（足利学校の分校）を創設して、閑室元佶《かんしつげんきつ》（1548〜1612）を迎えて庠主《しょうしゅ》に任じています。

しかし、一般の武士が学問に取り組むという風習は、すぐに定着したわけではありません。たとえば、近世初頭の薩摩藩では、乱暴狼藉を働いた若い武士を罰として

※22　唐の太宗と臣下の問答や君臣の事跡などから、為政者の参考としたもの。

※23　孔子の言行および門人との問答を集めたもの。

一定期間閉じ込めて、『論語』や『孟子』などの四書を読ませていた、と言われます。これは少なくとも『論語』や『孟子』などの学問が若い武士の性格を良い方向に直すうえで有効と認識されていたことを示しています。また、後述する中江藤樹（1608～48）が若き日、伊予大洲《おおず》藩に仕えていた頃、同僚の武士たちが学問に精進する藤樹を揶揄《やゆ》して「孔子殿」と呼んだと記されています。つまり、「武」に生きる武士が「文」を嗜むことは、軟弱な行いとして蔑まれていたのです。

官学化される朱子学（儒学）――林家の台頭

江戸初期において学問の中心となった朱子学は、どのように発展していったのでしょうか。前述した藤原惺窩は京都五山の一つである相国寺《しょうこくじ》の僧侶でしたが、そこで禅学を研鑽したものの、堕落僧の目に余る実状をみるにつけ、仏教に対する疑問が募り、「聖賢の書」を読み耽《ふけ》るようになります。彼は、儒家の経典を読み、ついで「修身斉家《しゅうしんせいか》」※24を行うという志を立て、また君親に対して生まれつき持っている「忠孝の心」を失わず、最終的には「仁義の事」を実践しました。このように、既成仏教の堕落を批判して朱子学へ傾斜していったために、惺窩は仏教勢力から総批判を受け、ついに相国寺を出て市井《しせい》で朱子学を説きました。

惺窩の学問は、「経書は我が心と通融して可なり」、つまりどのような思想であって

※24 我が身を整え我が家を整えることを示す。

も自分の心と反応しあって、心を豊かにしてくれるものであればよいという考え方のもとに形成されました。惺窩は徳川家康をはじめ多くの大名と親交を結びましたが、家康の熱心な招聘にも応じず、その生涯を清貧に甘んじて送った人物です。

徳川家康は、朱子学の思想的な特質に着目し、藤原惺窩の弟子の林羅山《はやしらざん》（１５８３～１６５７）を招聘して幕府の封建イデオロギーの基礎としたと言われています。ただ、家康の文教政策には儒学を幕府教学の理念としようとする積極的な姿勢はみられません。家康の側近としては南禅寺の金地院崇伝《こんちいんすうでん》（１５６９～１６３３：禁中並公家諸法度、武家諸法度作成や寺院統制・キリスト教禁制などに関与）や天海（１５３６～１６４３：寛永寺開山。家光の信任を得て政務に参画）などの僧侶が権勢をふるっており、朱子学者である羅山が家康の御伽衆《おとぎしゅう》※25の中心的存在として加わった可能性は低いと思われます。朱子学は仏教を対抗思想として激しい思想対立を経て確立してきたこともあって、その内部には激しい仏教批判を有しており、羅山も家康に仕える以前はやはり反仏でした。

その後、羅山は僧衣を身に纏い、林道春という僧名で出仕します。そして、幕府の文教政策に力を発揮することになりますが、それは家康の死後のことです。

儒学は社会における人々の役割を説いたことから、幕府や藩に広く用いられましたが、とくに朱子学が重用された理由は、君臣・父子の別をわきまえ、上下の秩序を重

※25　主君に近侍して話し相手をする役。

んじたためでした。

1633（寛永10）年に3代将軍家光が東照宮参拝の帰途に林家の聖堂に立ち寄り、釈奠《せきてん》（孔子をはじめ古代の賢人を祭る「場」を孔子廟（聖堂）と呼び、これを祭る行事を指す）に参加して以来、これが慣例化されるようになります。孔子の徳を讃え、その権威を分有することは、武断政治から文治政治への移行期の権力者にとってその権力の正当性の根拠を獲得するものでした。

徳川家康から4代家綱まで歴代将軍の侍講《じこう》を務めた林羅山は、1630（寛永7）年、江戸の上野忍岡《しのぶがおか》（東京都台東区）に、儒学を講義する家塾（後の昌平黌）を設立しました。家塾というのは、幕府や藩に仕える儒者が、公務とは別に門弟をとって教育をする形態を指します。

1663（寛文3）年には、幕府の経費によって聖堂の大改築が行われました。こうして、聖堂は幕府の官立的要素を帯びることになりますが、弘文館は依然として林家の家塾として存続していました。このように半官半民的な要素を呈してくると、学生も増えてきます。ここで学生として学んだ藩士は、後に各藩の藩儒となり、それぞれの藩の教育振興に貢献することになります。

❷……藩主主導による自由な教育

初の藩校「岡山学校」（岡山藩）

江戸前期の藩校は藩主主導で設立され、藩士を対象とする儒学中心の学科編成でした。また、中央の厳しい統制にもかかわらず、教育に関しては各藩の自由な裁量に委ねられていたため、各藩の教育政策は藩主や藩の首脳部の興味や関心に大きく左右されました。

この頃の藩校は、漢学の習得（四書五経の素読、習字）を主な目的としていました。具体的には、四書五経を素読し暗誦して、身につけた学問を実践に結びつけることを重視しました。

藩主主導による藩士を対象とした藩校は、「花畠教場」がはじまりと言われています。岡山藩の藩校の前身と言える花畠教場は、1641（寛永18）年、藩主・池田光政（1609〜82）によって開設されました。池田光政の私的な学問所として始まり、やがて中江藤樹の門人で陽明学を修めた熊沢蕃山（1619〜91）が再出仕し、藩主と家臣の相互練磨の場としての性格を強めました。花畠教場における君主と家臣の相互練磨の関係は、君主が一方的に家臣に学問を強要するのではなく、君主も学校に出て、君主と家臣が相互に慎み戒めあって人格を磨き、学問の成果を政治に反映させるものでした。そこには、創立者の理想追求のもとに人間教育が展開されており、現在の私学に通じる教育姿勢がみられます。

私学の「建学の精神」につながる、教育理念を記した校則に類する「花園会約」も存在しました。会約は9カ条からなり、陽明学の「良知」に基づいて、武士のあり方を説いています。武士の良知を、「良知の人心にある、其職に居て其職に任せざるは皆不快也。此に我輩弓馬の家に生まれて武士の名を得る人なれば、武士の徳に昧《くら》く武士の業を勤めざるは自良知に恥る所なり」と述べています。「徳」と「業」は、従来良しとされてきた傍若無人に戦場を駆けまわる武人ではなく、儒教道徳を身につけ、民を守り育む指導者の要素を持つことであるとして、これを家臣に求めました。

1666（寛文6）年、池田光政は花畠教場を廃して、岡山城内に仮学館を設置しました。開校時に定められた「掟」によれば、「家中宗子8歳より20歳之間入学望次第たるべし。但し、20歳以上の者並びに庶人たり共、品に寄り入学すべき事（『日本教育史資料』）というように、入学資格は藩士の長男で8歳から20歳までを基準としていましたが、それ以上の年齢の藩士や庶民にも開放されました。

しかし、開設当時の入学者は18名と振るいませんでした。光政は藩の重臣の学問に対する無関心な態度を非難し、「御前之御志と一同に之れ無く候ては御用も達しがたく候。（中略）何としても学問なくしては万事巧者又分別有とても多きに誤有るべしと存じ候」（『池田光政日記』）というように、半ば強制的に就学を促します。その結果、入学者数も増え、他藩からの入学希望者を受け入れるまでになりました。そこで、1669（寛文9）年、新たに岡山藩学校が設置され、学校領として2、000石が当てられました。藩士教育と並行して、光政は1667（寛文7）年に岡山城下に町人を対象とする手習所（寺子屋）を設置したのをはじめ、翌年には123の郡中手習所[※26]も開設しています。

しかし、1672（寛文12）年に光政が隠居して綱政が襲封すると、財政難を理由に、教育政策は大きく変更されます。1674（延宝2）年に藩士の長男の就学義務が廃止、郡中手習所も光政が退く少し前に廃止され、1670（寛文10）年に士庶共学の郷校として開校した閑谷《しずたに》学校に統合されるのです。

岡山藩以外にも、各地で藩主が主導するかたちで藩校が誕生したケースが散見されます。会津藩主の保科正之（1611〜72、第3代将軍家光の弟）は、山崎闇斎に朱子学を学び、多くの書物を著します。水戸藩主の徳川光圀（1628〜1700、黄門）は、江戸小石川（東京都文京区）の藩邸に彰考館を設けて、漢文の歴史書である『大日本史』の編纂を開始し、明（中国）から亡命した儒学者の朱舜水（1600〜82）を顧問としました。加賀藩主の前田綱紀（1643〜1724）は、朱子学者の木下順庵（1621〜98）らを招いて学問の振興を図りました。

※26
村役人の子弟などを教育するため、12の郡すべてに置いた手習所。

❸……多様な学問を担う私塾

中江藤樹の「藤樹書院」

それでは、江戸時代の初期、まだ官立学校が十分に確立されていない時代にあって、私塾がどのような役割を果たしたのでしょうか。以下では、時代を追いながら、歴史に残る私塾についてみていきましょう。

近世の庶民に平易な儒教道徳を説いた私塾として、中江藤樹が主宰した藤樹書院があります。同書院を開いたのは、1648（慶安元）年と言われています。藤樹は伊予の大洲藩に出仕したのち、生まれ故郷の近江・小川村に戻った際、門弟たちに講義する場所として会所を建てました。これが現在の書院跡で、晩年は遠くからも多くの門人が集まるようになったと言うことです。

1639（寛永16）年春には、藤樹書院の教育方針とも言える「藤樹規」がつくられています。簡単に言えば、そこには、立派な道徳を身に備え、父母に孝養を尽くすことが謳われていました。人々の心の修養の問題に重点が置かれていたのです。兄弟父子が互いに争うような日々が続いた長い戦国時代が終わったばかりの当時、人々の精神は荒涼とした状態だったと想像できます。藤樹は、この人間精神の変革に大きな役割を果たしたのです。

藤樹は当初、朱子学を信奉し、学問と実践の矛盾に悩む日々を送っていましたが、のちに朱子学の観念論から実践を重視する陽明学へと移り、最終的には「全孝説」を主張するようになります。すべての人間に等しくある心情としての孝を宇宙の根源と捉え、孝の秩序・法則を発見し、それを実践することを学問の目的とするのです。徳川幕府が誕生して以来、それまでの武力による天下の掌握から、文による天下統治への姿勢が明らかにされるなか、「剣戟《けんげき》を取りて向かうとても、それは良知の外に、何を以て待せんや」という意識を固めていたのです。のちの門弟たちに、「学問は天下第一等、人間第一義、別路のわしるべきなく、別事のなすべきなしと、主意を合点して、愛用すべし」と教えますが、この学問を全うし脇道に走るなかれという考えは、早くから藤樹の心のなかに定着していたものと思われます。

藤樹の弟子のひとりである二見直養は「藤樹先生学術旨趣大略」のなかで、藤樹書院の教育方法について、「会座を重んじて、講習討論切磋琢磨し、孝悌を勧め、補仁の益を勧め、相助け、相長じて日新の功を励ます」と述べています。すなわち、教師の一方的な講義ではなく、個々の門弟が議論し合ってお互いを研《みが》き合い、ともに成長することを目指しているわけです。

後に、林家の私塾が湯島聖堂、昌平黌と官学のコースをたどることから、林羅山を近世の学校史上の「官学の祖」とみるならば、藤樹はそれに対立する「私学の祖」として理解することができます。そこでは、人間教育を基本とし、門弟らを、一人の志を持った創立者の理想の人材へと導く教育が展開されており、「建学の精神」に基づき理想の追求に努める現在の私学の姿に通じるからです。

幕藩体制の安定化とともに、文治主義が行き渡ると、中世の伝統を打ち破った新しい学問であった朱子学も、官学として形式化・固定化したものとなっていきます。こうした傾向に抗《あらが》い、思索を積み重ね、生きた人間の学問に心を砕いた学者たちは、すべて藤樹と同じ系列に属すると言えるでしょう。中江藤樹の立志と、藤樹書院の開講には、そうした先駆的な意味があったのです。

伊藤仁斎の「古義堂」

藤樹書院が都市文化から離れた近江高島郡小川村でひっそりと営まれたのに対し、京都の上層町人の文化風土を背景に成立したのが、伊藤仁斎（１６２７〜１７０５）の私塾・古義堂です。

伊藤仁斎は、１６６２（寛文２）年、隠棲していた松下町から生家に戻り、古義堂を開いて門弟をとるようになりました。古義堂では、一方的に教えるのではなく、お互いに共同で思考し、議論するなかで切磋琢磨しながら「上聖人君子の道に進まんと欲す」というように、共同研究を基本としました。お互いに議論し、多くの意見を採りながら、その成果を書物にする、という形態をとっています。

宮本武蔵の箴言《しんげん》※27で、「我以外、皆これ師」という言葉があります。教育とは本来、一方的に教えるだけ・教えられるだけという関係ではなく、教えることによって自らも学ぶ姿勢がとても大切です。伊藤仁斎をはじめとする私塾には、こうした文化があったのではないか、と私は思います。

師弟による共同研究というような教育関係が成立するためには、相互の絶対的な信頼関係と、相互に尊敬し合う自由な関係が前提となります。上から下へと一方通行的に教える教育とは異なり、全人格教育につながるものと言えるでしょう。ちなみに、古義堂の門人は３、０００人を数えたと言われています。

仁斎は、『論語』を「最上至極宇宙第一書」と位置づけ、『論語』と『孟子』を「熟読精思」することを勧めました。「熟読精思」とは、一切の注釈書を廃して、ひたすら読みぬいて自分の心に問いかけることを意味します。朱子学では、「天」を中心とした「道」の解明に力を注ぎますが、仁斎は天道と人道を分け、『論語』を通して人間的に生きる道を模索しようとしたのです。

また仁斎は、君臣、親子、夫婦、朋友といったすべての人々に対する愛情と思いやりとしての「仁」に最高の価値を置き、それを実践する者こそ「仁者」であると説きました。同時に、道徳の基準を人情に置いたため、その後、元禄時代の庶民における倫理思想の形成に大きな影響を与えたとされます。

※27　いましめとなる短い言葉、格言。

3 江戸中期にみる教育

❶……江戸中期の教育施策

元禄時代の教育熱の高まり

江戸時代の中期、徳川綱吉が第5代将軍を務めた元禄時代（1688～1704）は、経済の発展を背景として、日本社会の教育熱が急速に高まりをみせます。都市では三井・鴻池・住友といった庶民を相手にする新しいタイプの商人が台頭し、活発な経済活動を展開するようになります。こうした動きに伴い、契約や計算に関する知識・技術などの必要性が高まり、『商売往来』などの書籍が普及していきました。また、農村においても生産力が増大し、農民の生活水準が向上します。農業の心得や技術を紹介する農書が多数執筆され、刊行されました。

第4代将軍家綱の1660年頃まで、大規模な新田開発が進み、耕地面積は約3倍の300万ha、人口は約2・5倍の3、106万人へと増加しました。ところが1660年代に入ると、無理な耕地開発による水害が多発し、農業は耕地拡大から、土地を改良し多くの労働や肥料を投入して、単位面積当たりの収穫量を増やす集約型農業へと転換します。これを受けて成立したのが農書です。この時期、『清良記』[※28]『百

※28
伊予国宇和郡の土豪・土井清良の一代記。全30巻。第7巻上下は「親民鑑月集」と呼ばれ、領主の勧農策や戦国末から近世初期の農業を伝える日本最古の農書。

姓伝記[※29]』『会津農書[※30]』『農業全書[※31]』など多くの農書が執筆され、文字は農村にも広く浸透していったのです。

一方で徳川綱吉は、京都の公家文化のもとに育った生母桂昌院の影響もあり、学問に対して強い関心を示し、１６９０（元禄３）年に忍岡の聖堂（林羅山によって建てられた林家の私塾に附属する孔子廟）を江戸城の北にある相生橋近くに移し、大規模な聖堂の建設を命じました。これが湯島の聖堂です。そこには将軍専用の御成御殿《おなりごてん》や賓客が食事をする饗応座敷が設けられ、聖堂は林家の家塾から離れて公的施設としての性格を色濃く持つようになりました。翌１６９１年、林家の当主である信篤は蓄髪[※32]を命じられ大学頭に任命され、初めて儒臣として正式に承認されました。

綱吉は儒学を信奉して聖堂の釈奠に参列し、大学頭の講釈を聴くにとどまらず、老中以下の諸大名を集め江戸城中において、毎月『大学』を自ら講義しました。また、綱吉の寵愛を受けた柳沢吉保（１６５８〜１７１４）が荻生徂徠《おぎゅうそらい》（１６６６〜１７２８）を召し抱え、「馳走」と称して講義を聞かせたように、諸大名のあいだでも儒臣を招聘する風潮が広まりました。将軍の個人的な趣向がこうして諸大名に影響を及ぼし、さらに諸藩の藩校開設を促す大きな要因となったのです。

※29　江戸前期における東海地方の農業を伝える代表的農書。天和年間（１６８１〜84）頃成立。全15巻。

※30　江戸前期の東北寒冷降雪地域における農書。佐瀬与次右衛門の手により１６８４（貞享元）年に成立した。全3巻・付録。

※31　１６９７（元禄10）年刊。宮崎安貞著。日本初の体系的農業書。

※32　一度剃髪した人が頭髪を再び伸ばすこと。

転機となった享保改革――実学奨励の浸透

しかし、18世紀に入ると、日本社会は停滞期を迎えます。生産力の伸長による米余りに起因した米価の値下がりと、需要の増大による諸物価の上昇という現象が起こり、米を市場に出して換金する武士や農民は困窮し、疫病の流行や水害などに伴い社会不安も高まりました。

これに対応すべき幕府の政治は、6代将軍家宣（1662〜1712）以降、将軍権力が弱体化し、古い家柄を誇る譜代派と、個人の能力によって台頭してきた新参派との対立によって、一種の混迷状況に陥っていました。幕府の財政も、5代将軍綱吉の時代以後、悪化の一途をたどり、幕臣（軍事・行政官僚）の俸禄（給料）は遅配となり、旗本の削減が話題にのぼるほどでした。財政の悪化はまた、国家機能の低下や公共機能の停滞の原因にもなっていました。

こうした時代に、紀州藩の四男から紀州藩主、さらに将軍へと進んだのが、8代将軍の徳川吉宗（1684〜1751）です。1716（享保元）年に将軍に就任した吉宗は、国民の生活の維持・安定へ向けて、大規模な政治改革を断行する。これが享保改革です。

この享保改革における教育改革についてみると、吉宗は、儒学を基礎とする、いわば「国民教育」を振興することによって、社会を安定させようとしました。従来の幕府の教育方針は、将軍や大名ら武士が自ら儒学を修め、徳のある政治家になることによって社会を安定させようとするものでした。しかし、吉宗は大きく方針を変え、武士のみならず庶民をも含め、国民全体を対象に儒学の振興・普及を図ったのです。

たとえば、吉宗は国民教育を振興するために、幕府主催の儒学の講義を、幕臣に限らず庶民にも開放します。湯島の聖堂（東京都文京区）では、幕府お抱え儒学者の林家が連日講義をしましたが、丁《ちょう》（偶数）の日は直参《じきさん》の受講日とし、半（奇数）の日は庶民に開放したほか、林家以外の儒学者が行う高倉屋敷（千代田区）での講義は、連日庶民に開放しました。

吉宗のブレーンの儒学者・荻生徂徠は、吉宗に提出した幕政改革に関する意見書『政談』において、学校制度について次のように述べています。

「幕府の世話で湯島昌平黌（聖堂）と高倉屋敷において、儒者たちが講釈しているが、旗本など武士は聞きに来ない。町人、町医者、諸大名の家臣らが少数聞いているだけで、彼らのために幕府が世話をするのは意味のないことである。そもそも、人々は『公役の稽古』（義務としての稽古）は行わない。生徒は、信頼する師匠ならば、たとえ費用がかかっても、稽古をする気持ちがあるので、しっかりと稽古をするものである。

また、師匠に威厳がなくては教育などできない。師匠が義務で講義所に出かけて講義するのでは、威厳がなく効果もない。さらに、昌平黌と高倉屋敷は、通学には不便であり、むしろ江戸市中に儒者たちを配置し、庶民が自由に勉強できるようにしたい。そうすれば、教える人にも学ぶ人にも好都合である。学問は、公儀の役務とは異なり、私的な内緒事であるので、便利でなくてはならない」

　このことは、上から下への一方通行の教育、対象者を限定したいわば強制的な教育、人間的な触れ合いの少ない教育の限界を示す見解とみることもできます。当時における公的な教育の負の部分を言い当てているように、私には感じられます。

　荻生徂徠は、幕府が江戸市中の儒学者の家を稽古所として取り立て、旗本や庶民が手軽に学べる体制を整備することを主張しました。この時期、地域ごとに、旗本・庶民をともに対象とする学校制度が構想されたのです。徂徠は１７０９（宝永６）年、綱吉の死去と吉保の失脚にあって柳沢邸を出て茅場町に居を移し、私塾・蘐園塾《けんえんじゅく》を開きました。やがて徂徠派という一つの学派（蘐園学派）を形成するに至ります。

❷……各地で創設される藩校――藩政改革の担い手づくり

諸藩での儒学採用

　幕府の教育政策の影響を受け、享保期（１７１６～３６）において、諸藩もまた教育制度を整えていきました。荻生徂徠が『政談』の中で打ち出した藩校設立構想は実現には至らなかったものの、享保改革期以後、各地の大名家が藩校を設立・整備する

※33　9代藩主酒井忠徳が1805（文化2）年に創設。徂徠学を教学とし、質実剛健な教育文化を育んだ。

ようになります。藩校は、藩が藩士やその子弟、さらには他藩の武士や領民のために、国元の城下や江戸藩邸に設けた教育機関を指します。

藩校の規模はさまざまでしたが、多くは聖堂、講堂、文庫、武術稽古場、宿舎、食堂などの設備を備えていました。職制も藩によって異なったものの、学頭、教授、助教、目付、司計（会計）、賄方、物書などが置かれました。

江戸前期に開設された藩校は、文治主義のもと儒学を中心とするものでしたが、藩主が主導して設立することが多かったため、藩主の代替わりとともに衰退・廃絶することも少なくありませんでした。しかし、この時期における各地の藩校設立の動きは、江戸中・後期の教育制度の発展・拡大の重要な基礎となったと言われます。

この頃の藩校では、幕府の動きに倣って儒学が採用されました。江戸前期と同様、漢学の習得を残しながらも、とくに朱子学に力点を置く教育指導に変わっていきます。この変化の背景には、財政難で苦しむ幕府の権威回復といった思惑もありました。朱子学とは、前述したように、君臣上下の秩序を重んじ、封建社会である武士の序列を維持させるには格好の学問だったからです。

著名な藩校としては、庄内藩校「致道館[※33]」（山形県）、会津藩校「日新館」（福島県）、水戸藩校「弘道館[※34]」（茨城県）、松代藩校「文武学校[※35]」（長野県）、萩藩校「明倫館[※36]」（山口県）、佐賀藩校「弘道館」（佐賀県）などがあります。このうち、会津藩校・日新

※34　9代藩主徳川斉昭が1841（天保12）年に開設した日本最大の藩校。徳川慶喜が幼少期に学んだことでも知られる。

※35　8代藩主松代幸貫が水戸の弘道館にならって1855（安政2）年に開校。学問と武道の両方を教授した。

※36　5代藩主毛利吉元が1719（享保4）年に創設し、徂徠学を講じた。1849（嘉永2）年には城下の中心地（現在地）へと移転。文武の施設を整備した。

館と佐賀藩校・弘道館を例として、当時の藩校における教育内容を詳しくみていきましょう。

会津藩「日新館」

会津藩では、5代藩主松平容頌《かたのぶ》（1744～1805）が藩政改革の一環として、人材養成のための教育振興に着手します。1799（寛政11）年に藩校名を「日新館」と名づけて造営に取りかかり、5年後の1803（享和3）年に完成させました。

会津藩初代藩主である保科正之は、学問の目的について、「孝悌忠信《こうていちゅうしん》」を中心として、人格と品性を養うこととしました。彼が残した家訓は、武士教育の原点とも言えるもので、家臣には「公平」と「公正」を求め、政事においては道理を重んじ、民の生活を安定させることに目的を置くなど、厳しい道徳的な自己規律を課すものでした。

こうした伝統を受け継いだ日新館は、荘厳な学校建築や規模だけではなく、給食や奨学金の制度も設けられ、カリキュラムや等級制においても充実した内容を有するなど、近世の代表的な藩校と言われます。入学資格は上士の武士の子弟に限られており、それ以外は日新館の外の南・北の素読所や寺子屋に入学して学びました。また、家禄に応じて履修内容が定められ、禄高の高い藩士の子弟ほど高い学識を要求されました。

15歳になると、弓・馬・槍・刀・鉄砲の術を学ぶことを義務づけられます。このほかに、神道や日本の歴史書や法律を学ぶ「神道方並皇学方和学所」、書道を学ぶ「書学寮」、武家の作法に必要な礼法を11歳から12歳の少年が習う「礼式方」、関（孝和）流の数学や暦学などを含む天文学などを学ぶ「数学並天文方」、医家の子弟が10歳になると入学して医学に関する学問を学ぶ「医学寮」、舞楽と音楽を学ぶ「雅楽方」などが設置されていたと言われます。

講釈所においても、「身を修め徳をなすは学問の要務」であると定められ、学校内における長幼の序は「尊卑に拘らず年齢の順序に従う」という原則が守られていました。また、「什の掟」は、年長者の言うことに背いてはならぬ、卑怯な振る舞いはしてはならぬ——など7つからなり、「ならぬことはならぬものです」という有名な教えは徹底した人格主義教育の象徴でもありました。

会津藩は幕末、1864（元治元）年の蛤御門の変において、御所を守り長州藩と戦いましたが、その後は残された家訓に従って徳川将軍を守る立場に徹し、官軍と闘う賊軍として明治維新を迎えました。白虎隊と呼ばれた少年たちが自刃《じじん》した話は有名です。会津武士としての誇りや名誉を重んじる会津魂は、明治維新後も少なからぬ人材を世に輩出し、近代日本の形成に貢献しています。

佐賀藩「弘道館」

１７８１（天明元）年、佐賀藩第８代藩主鍋島治茂（１７４５〜１８０５）は、儒学者である古賀精里や侍講の石井鶴山に助言を得て、藩校「弘道館」を設立しました。治茂はもともと教育に意欲的で、聖堂を「上下に限らず学問を勤め忠孝を励み政道を輔翼《ほよく》せしむべき」として、百姓や町人に至るまで教化政策を行ってきましたが、弘道館は武士に指導者としての人格と教養を身につけさせ、規範意識を高めることを目的としました。さらに、10代藩主鍋島直正（１８１４〜７１）は、１８３０（天保元）年に弘道館の大改革を行い、「文道不覚ては武道なるまじき」として、文武両道の教育理念を掲げました。

この改革のきっかけとなったのは、１８０８（文化５）年に起きたフェートン号事件でした。イギリス船フェートン号がオランダの国旗を立てて長崎に入港し、オランダ商船と勘違いしたオランダ商館員が人質に取られ、不当に食料を要求されたのです。佐賀藩士の多くは帰藩していて出動できず、屈辱的な出来事となりました。

その後、佐賀藩士は海防と武芸を重んじるようになり、とくに西洋の科学技術導入に注力するようになります。藩校では珍しかった本格的な蘭学教育は、国内でも群を抜いており、反射炉の建造と鉄製大砲の製造を行い、蒸気機関車や蒸気船の実験も成功を収めました。知識を蓄えた佐賀藩士は、遣米使節団に８名選出され、遣欧使節団にも同行し、近代化を加速させる原動力となりました。

早稲田大学の創立者で後に総理大臣となる大隈重信（１８３８～１９２２）も弘道館の出身者で、一度は儒教教育に反発し騒動を起こして退学しましたが、オランダ憲法を中心とした法学、英語などを幅広く習得し、弘道館教授に着任後、蘭学講師を務めました。その後、グローバルな知見が認められて外国事務局判事に推薦され、日本の近代国家建設を推し進めることになります。

大隈の功績として、キリスト教を禁止した明治政府に対して「信教の自由を認めるべきだ」と抗議したイギリス公使のハリー・パークスとの交渉が挙げられます。当時大隈は31歳と若く、「こんな身分の低い小作人と話せるか」と理不尽なことを言ったパークスに対し、流暢な英語で「一国を代表している自分と話をしたくないのであれば、貴国の抗議は撤回されたものとみなす。そもそも、貴殿の要求は国際法で禁じられている内政干渉に相当するではないか」と述べて反論しました。日本国民をアジアの蛮族程度に考えていたパークスは、大隈の発言を聞いて態度を一変させたと言います。大隈は、キリスト教が各国の戦乱の原因になっている歴史的事実を踏まえ、動乱期にある日本でキリスト教を容認すれば混乱を招く可能性が高いことを説明し、パークスを説得したのです。

この一件で大隈重信は政府の中心に躍り出ることになり、殖産興業政策を推進し不平等条約改正に尽力するなどの活躍をみせ、二度にわたり内閣総理大臣を務めるほどの大政治家へと成長していきました。

このようにして、鎖国していた日本が視野を世界へ向ける足がかりとなり、列強と肩を並べるまでに成長する基盤を作ったのは、意欲的に異国文化を学んだ武士だったと言えるでしょう。

❸……寛政期以降の教育の変化

急速に進む学問の多様化

徳川吉宗は享保改革を通じて、綱吉以来の側用人による側近政治をやめ、新設の御用取次を介して将軍の意志を幕政に反映させました。政策の実行のためには旗本の大岡忠相、宿駅の名主であった田中丘隅《きゅうぐ》ら、有能な人材を多く登用し、また荻生徂徠や室鳩巣《むろきゅうそう》らの儒学者を用いて、将軍自ら先頭に立って改革に取り組みました。

当時は鎖国政策のもと、西洋の学術・知識の吸収や研究は困難でしたが、18世紀の初めに天文学者である西川如見や、政治家・学者の新井白石が、世界の地理・物産・民俗などを説いて先駆けとなりました。また吉宗は、漢訳洋書の輸入制限を緩め、漢学者であった青木昆陽《こんよう》や野呂元丈《げんじょう》らにオランダ語を学ばせたこともあって、洋学はまず蘭学として発達し始めました。

洋学をいち早く取り入れたのは、実用の学問（実学）としての医学です。1774（安永3）年、中津藩医で蘭学者の前野良沢《りょうたく》、蘭学医・杉田玄白らが西洋医学の解剖書を訳述した『解体新書』は、その画期的な成果でした。次いで、蘭学者の大槻玄沢《げんたく》や宇田川玄随《げんずい》が出て、洋学は各分野でいっそう隆盛をみせました。ちなみに、大槻玄沢（1757～1827）は私塾である芝蘭堂（蘭学塾）を創立しており、その門人・稲村三伯《さんぱく》は蘭和辞書である『ハルマ和解《わげ》』を完成させました。

一方で18世紀初め、京都の町人である石田梅岩（1685～1744）が心学を興し、私塾・心学舎を創設しました。梅岩は、儒教道徳に仏教や神道の教えを加味して、町人を中心とする庶民の生活倫理をやさしく説きます。社会の中での町人や百姓の役割を強調し、その人間としての価値を説く心学は、弟子の手島堵庵《とあん》や中沢道二《どうに》らによって全国に広げられました。明治以降に心学の教えを引き継いだ実業家として、講談社の創業者・野間清治、そして「経営の神様」と称された松下幸之助らがいます。

吉宗の教育改革を経て、江戸時代も後期になると、教育熱は地域や身分を超えて国民規模で高まっていくことになります。長期にわたる「平和」と「文明化」のもと、国民教育の発展とともに、諸学問も深化していきました。儒学では、18世紀後半に、原典を尊重する古学派や、中国の諸説を調和する折衷学派※37、考証学派※38などが展開します。これらの学問・思想における新たな動きに対して、幕府は儒学による武士の

※37 井上金峨が著書「経義折衷」で提唱。学派の対立を排し、経書の正しい解釈によって聖人の真意に達しようと試みた。

※38 確実な典拠の考証によって、経書の正しい解釈を客観的に明らかにしようとする学派。この文献実証主義は、国学、漢学にも受け継がれていった。

教育を強く奨励しました。

「寛政異学の禁」と幕府直轄校の誕生

こうしたなか、1787(天明7)年から1793(寛政5)年まで、徳川吉宗の孫に当たる老中の松平定信が寛政改革を主導しましたが、その政策の一つとして、1790(寛政2)年に湯島聖堂の学問所で朱子学以外の講義や研究を行うことを禁じました。「寛政異学の禁」と言われるものです。

林家の家塾に始まる学校組織の整備は、幕府の財政的援助を受けて湯島に聖堂が建立されたことによって、幕府立の教育機関としての性格を強めましたが、明確に幕府の学校として広く認識されるようになったのは、この「寛政異学の禁」を契機としています。松平定信は、低下した幕府の指導力を取り戻すために、儒学のうち農業と上下の秩序を重視した朱子学を「正学」として復興させ、当時流行していた荻生徂徠の古文辞学や古学を「風俗を乱すもの」として規制を図ったのです。ただし、幕府教育機関における異学の講義を禁じることを意図しており、国内の異学派による学問や講義が禁じられたわけではありませんでした。

1792(寛政4)年には聖堂学問所で旗本を対象に「学問吟味」(学術試験)が開始され、及第者を褒賞するなど学問を奨励します。寛政異学の禁は、朱子学のテキストに基づいて行われた15歳以下の素読吟味と、15歳以上の学問吟味という、幕府による試験を通して浸透していくことになります。学問吟味の対象は、徳川家の家臣団である旗本・御家人の子弟に限られました。幕府はこの試験を通して、優秀者には積極的に登用の途を開くなど、人材育成の意味合いを強めていったのです。

幕府は林家の門人以外の儒者も聖堂つきの儒臣に任命するとともに、聖堂維持のための財源を林家から分離して幕府の管理下に置きます。さらに、行政職と教育職からなる職制を定め、学校としての体裁を整備していきました。そして、1797（寛政9）年、聖堂の名称を「昌平坂学問所」と改めて、幕府直参の旗本・御家人の子弟を教育する機関として位置づけました。

藩校の教員機関としての昌平坂学問所

このように、昌平坂学問所は明確に学校としての教育機能を持ったものへと発達し、後には旗本・御家人の子弟のみにとどまらず、諸藩からの人材を引き受けて教育する機能をも併せ持つようになります。昌平坂学問所は、学んだ人々がやがて自藩に帰り、それぞれの藩校の教育に従事するなど、全国各地にある藩校の教員養成機関としても機能したのです。

この藩校における人材教育を主張した人物として、鳥取藩の安達清風（1835〜

84）が挙げられます。安達は20歳で昌平坂学問所に入学した後、水戸藩士・会沢正志斎に学びました。1853（嘉永6）年、ペリー再来に備え、幕府から警衛を命じられた鳥取藩は、翌1854年1月から約1年間、2、000人近くにも及ぶ大規模な軍勢を現地に展開させましたが、その時に門閥重臣の指揮能力のなさが露呈しました。当時の門閥重臣は貴族化しており、本牧警衛を統率した安達辰一郎も全く軍事知識がなく、古来の軍役を形式的に勤めるだけで、「浜一面に兵を並べる」という無策の布陣を採ったのです。この光景を目の当たりにした清風は、「御家は世官（門閥世襲）であって人撰（人材登用）がない」として、門閥世襲制の廃止と、能力主義による人材登用を藩主に直訴しました。外国の脅威が迫っていた当時、従来の世襲制度では対応できない、と強く主張したのです。

この訴えの根幹には、単にペリー再来に備えるだけでなく、専門知識を持った人材を国政における重職に任命することで、「富国強兵」を実現するという大きな目的がありました。世襲制は当時どこの藩でも行われており、安達が先進的な考えを持っていたことは間違いありません。

その後、能力業績主義による「人材選抜論」が急速に広まり、「学校推薦」という制度が導入されるに至りました。学校推薦とは、藩校が有能な人材を育成した後に藩庁に推薦し、その中から役人が選ばれるというものです。そして、藩校から輩出された優秀な人材が鳥取藩改革の基盤となっていきました。

4　江戸後期にみる教育

❶……幕末期にみる幕藩立学校

江戸後期の宝暦期（1751〜64）から幕末の慶応期（1865〜68）に至るあいだ、諸藩では藩政改革に取り組む動きが一段と強まり、藩校が相次いで設立されます。江戸時代を通じて藩校を設置した藩のうち7割強が、この時期に開設している、という調査結果もあります。このことは、藩校教育が官僚育成という次元を超えて、藩政と密接に関連した政治的課題として認識されていることを示しています。とくに幕末に近づくにつれて、武士・庶民の共学を認める藩が増加しており、挙藩一致体制のもとで藩政改革を断行していく過程で、地方役人として藩政の末端機能を担っていた上層農民や上層町民からも有用な人材を育成する必要があったことを示しています。同時に、頻発していた一揆や逃散《ちょうさん》※39などに対する秩序意識を再編しようとする狙いとも連動していました。

一方、19世紀に入って以降、日本の近海に異国船が出没し始めます。国内では諸藩をはじめ幕府も慢性的な財政問題を抱え、国外で起きている世界の情勢に思いを巡ら

※39　中世〜近世、農民が領主の過酷な取り立てなどに反抗する手立ての一つとして、他領に逃亡すること。

す余裕はありませんでした。そのなかで、アヘン戦争（１８４０～４２）における清の敗北の知らせは、国内に大きな衝撃を与えるとともに、それまで諸外国との対話を拒んできた幕府の対応を大きく転換させました。

　昌平坂学問所はもちろん、各地の藩校においても、幕末ぎりぎりになるまで蘭学をほとんど採用しませんでした。そればかりか、水野忠邦が老中をしていた天保時代（１８３０～４４）には、代表的な蘭学者がきびしい弾圧を受けることさえありました。その背景として、蘭学が武士階層にも広まるにつれて、幕府の対外政策を批判する考えが出てきたことが挙げられます。幕府はこうした蘭学の動向に警戒心を持ち、１８３９（天保10）年に田原藩[※40]士の渡辺崋山（１７９３～１８４１）や高野長英（１８０４～５０）らを逮捕し、「蛮社の獄」と呼ばれる弾圧を加えます。こうしたなかで、新しい学問や思想の構築は既成の枠組みを超えた私塾においてなされるようになります。

　このように、幕藩立学校である昌平坂学問所や藩校は、基本的には朱子学を中心とした教育に重点を置き、硬直化していくことになります。諸外国による侵略も含めた危機が迫る一方で財政難に苦しむという内憂外患を抱えるなか、大いなる危機感をもって藩、そして国のあり方を真剣に考えようとする者たちの多くは、そうした教育に飽き足りませんでした。その結果、新しい学問、とくに蘭学を学ぼうとして、後述

※40　三河国（愛知県）田原地方（現在の渥美半島）を領有した藩。

するように、私塾において在野の蘭学者のもとで勉強するようになっていきました。

それでは、なぜ昌平坂学問所や藩校の多くが蘭学に目を向けなかったのでしょうか。ひとことで言えば、昌平坂学問所や藩校は儒学を教えるところ、という常識が固まっていて、これを疑う者すらほとんどなかったからです。官立学校は、武家の子弟に仁義礼智信、あるいは忠孝といった道徳を叩きこむ養成所のようなものになっていたのです。新しい学問が危険思想とみられ、それらに魅力を感じることは好ましくないことだと思われました。蘭学に目を向けなかっただけでなく、新しいものに魅力や衝動も感じない学者の集団のようになっていたのです。

❷……幕末期にみる代表的な私塾
昌平坂学問所・藩校の限界を私塾で

江戸幕府は鎖国政策のもと、日本人の海外渡航と在外日本人の帰国を禁止したことは、よく知られるところです。対外貿易を長崎でのオランダ商館と中国船との貿易だけに制限し、１６３６（寛永13）年には長崎の出島にポルトガル人を押し込め、中国船との貿易も長崎港の1港に制限されますが、翌１６３７年に島原の乱が起きると、幕府はこれをキリシタンの反乱と決めつけ、１６３９年には、出島のポルトガル人を追放して、以後、ポルトガル人との交渉を厳禁し、ここに鎖国体制が出来上がることになります。さらに１６４１年、平戸から出島にオランダ商館が移されました。以後、長崎の出島においてのみ、外国との交流が許されることになります。

そのなかで、当時はオランダ人との貿易が盛んに行われ、唐通詞（中国語通訳官）とともに、蘭通詞（オランダ語通訳官）は世襲の役職として長崎で活躍していました。ただ、それはあくまで通訳にとどまり、そこから学問が芽生えることはほとんどありませんでした。

ところが、前述した８代将軍徳川吉宗による享保の改革を機として、学問としての「蘭学」が日本に伝わることになります。蘭学は、吉宗がオランダ語の書物の輸入を学術書に限って許したことから始まったと言われています。学術書とは、現代の自然科学書を意味しますが、まず江戸を中心に発展していくことになります。これが、社会・人文科学（政治・文学・宗教等）の分野に広がってはならぬ、とする幕府が、厳しく監視するためでした。

その後、18世紀の末頃よりオランダの学問を志し、外国に目を向ける人びとが登場してきます。１７８８（天明８）年に『蘭学階梯』を著す大槻玄沢が、１７８６年に蘭学を教授する私塾芝蘭堂を設立し、太陽暦に即したいわゆるオランダ正月を採用するなど、新しい時代に向けて着実に歩み出しました。反面、『海国兵談』を刊行（１７９１年）して北方の防衛を唱えた林子平（１７３８〜９３）が幕府から咎められてその著書は絶版とされ、蟄居《ちっきょ》※41を命じられたように、新しい学問や思想の研究は簡単には開放されませんでした。そして前述したように、こうした時代に対応した先進的な学問は、私塾が担うことになるのです。

　私塾が存在する理由は、まさにここにありました。既成の教育機関に対して、不満を感じる気持ちが、私塾をつくっていったのです。新撰組の前身である幕府浪士組の創立者として有名な清河八郎（１８３０～６３）は、幼少から秀才の名をほしいままにしていましたが、大志を抱いて江戸に出て昌平坂学問所に入ったものの、すぐに飛び出してしまいます。彼はその理由を、「古来、聖堂（昌平坂学問所）から大豪傑の出たためしがない」と説明しています。そして、自分で学問と剣を教える「文武指南所」という私塾を開いたのです。この時代に、学問と武芸を両方教える塾は他に存在しませんでした。

「昌平坂学問所には自分の学ぶべきことはない。だから自分で教えてやるんだ」という清河のやり方に、学ぶことと教えることは別のものではない、という学問の原型があると言ってもいいでしょう。これは、現在の「建学の精神」のもとに、師弟同行でその実現に向けて教育活動を目指す私学の姿と重なります。

　その後、尊王攘夷派の武士を京都に呼び寄せ、「虎尾の会」※42を結成して明治維新の火付け役となりました。

※41　中世～近世の武士や公家に科せられた刑罰で、謹慎のため自宅にこもること。

※42　虎の尾を踏むような危険を冒しても大事を成し遂げる、という志で命名された。

シーボルトの「鳴滝塾」

江戸時代中期以降には、蘭学の導入や医学の発達、和学の高揚などもあってさまざまな私塾が開設されました。そのなかで、オランダから輸入される学術書は自然科学に限定されていたものの、当時は蘭学＝蘭医学を意味するものではありませんでした。

蘭学＝蘭医学となっていくのは、何といっても１８２３（文政６）年、出島のオランダ商館付医師として長崎にやって来たドイツ人フランツ・フォン・シーボルト（１７９６〜１８６６）の影響を受けてからです

杉田玄白の『蘭学事始』に描かれているように、オランダ医学の素晴らしさに目を見張り、オランダ語の医学書を翻訳して学ぼうと努力していた者も少なくなく、オランダ語の医学書も、長崎での貿易を通じて少しずつ輸入されたのです。

長崎にはオランダ人の医師も来ていましたが、彼らの任務は、オランダ商館に働くオランダ人の診療で、日本人との接触を試みる者はほとんどいませんでした。しかしシーボルトは、初めから日本を研究しようという積極的な目標を持って長崎にやって来ました。そして、従来はまったく考えられなかった長崎市内に出て、日本人を治療することを認めてほしいということを、長崎奉行に働きかけたのです。

このシーボルトの要求は認められました。蘭通詞で蘭方医を兼ねる吉雄《よしお》耕牛《こうぎゅう》と楢林宗建の二人の塾（成秀館・楢林医塾）が、シーボルトを迎えて講義することになり、

このニュースは全国の蘭学者のあいだに知れわたることになります。講義は診療を兼ねたため、「臨床講義」と呼ぶにふさわしいものと言えました。

長崎市街をはさんでいる「鳴滝」と呼ばれる谷の一つに、シーボルトは一軒の家（名義は日本人）を購入します。出島から市中への往診と講義を認めさせたのも異例でしたが、彼は独立家屋に家族（妻の楠本たき、娘のいね）を住まわせ、助手の名目で多くの日本人学生を置きました。これが、「鳴滝塾」です。

鳴滝塾では、シーボルトも門人も医学の枠内にとどまることを望まなかったため、医学だけを教えるという形式はほとんど守られませんでした。一人に一個の研究テーマが与えられ、オランダ語による論文を書いて提出します。これらはシーボルトの日本研究にとって貴重な資料ともなりますが、一方で学生たちに、ヨーロッパ科学の方法・姿勢を教えることにもつながりました。

鳴滝塾は、残念ながらシーボルト事件により断絶します。1828（文政11）年に任期が切れて帰国することになったシーボルトは門人や妻子に別れを告げ、長崎港を出発しますが、この船が浅瀬に乗り上げいったん陸に戻ることになります。その間にシーボルトの荷物が調べられ、日本地図・地誌・刀剣など、幕府が外国人に提供してはならないと禁じていた品物が発見されました。徳川家の葵の紋服があったのも役人を驚かせ、これを贈った医師の土生《はぶ》玄碩《げんせき》は江戸で捕えられました。そのほか、高橋景保・高良斎《こうりょうさい》・二宮敬作など20人あまりの門弟が捕えられ、高橋は獄死したのです。不幸な事件ではありましたが、高いレベルの蘭学を日本各地に広めるには、この事件が大きく役立ったとも言えるでしょう。シーボルトに学んだ100人以上の者が、やむなく長崎を去り、思い思いの地に移っていったからです。江戸の蘭学界が活気づいてきたのは、このシーボルト事件の結果でした。

緒方洪庵の「適塾」

蘭学を学ぶためのメッカとも言える私塾が、医師である緒方洪庵（1810〜63）が1838（天保9）年に大坂で設立した「適塾（適々斎塾）」です。塾名は適々斎という号に因んでいました。「適々」とは荘子のことばで、みずから進むところを楽しむという意味でした。

適塾にやってくる者の多くは医者か、医者や武士の子弟でしたが、一方で、あらゆる種類の若者が集まり、身分家柄や学力、学歴、出身地のどれをとっても実に多種多様だったと言われます。洪庵が教えたのは、医学よりオランダ語そのものでした。オランダ医学を専攻すると、その背景になっているヨーロッパ文明についての理解が不可欠となります。このため、医学書だけでなく、どんな種類の本でも、オランダ語で自由自在に読み書きできることが求められました。その要請に応えられるものが、適塾にあったのです。

適塾で勉学に励めば、2、3年もすれば日本最高レベルのオランダ語学者になることができました。そのまま郷里に帰って医療に従事する者もいれば、新たな学問の目標をみつけて旅立っていく者もありました。

しかし、1853（嘉永6）年のペリー来航が、洪庵の蘭学医としての診療活動と塾での教育活動を大きく転換させることになります。洪庵はペリーの来航を「天下の一大事」と捉え、低い身分のものでも何かができると考えた結果、若い書生を教育して、時代が必要とする西洋学者として育て上げることを決意します。これを機に適塾は、単なるオランダ医学を教授する蘭学塾から、新しい時代に必要な西洋学を学んだ人材を育成する教育機関へと、大きくその性格を変えることになりました。

適塾には常時100人ほどの塾生が学び、そのうちの数十人は二階に寝泊まりする書生でした。その一人でのちに慶應義塾を創立する福沢諭吉は、当時の適塾を、「江戸にいた書生が折ふし大坂にきて学ぶ者があったが、大坂からわざわざ江戸に学びに行くというものはいない。行けばすなわち教えるというふうであった」と述べています。

適塾の基本方針は徹底した自学主義にありました。洪庵が講義をすることは珍しく、学習の基本方針をアドバイスするにとどめ、塾生たちは「ヅーフの間」と呼ばれた部屋に置いてある蘭日辞典を引きながら原書を筆写して解読し、10人から15人を一組として自分が訳したところを発表して討論を行います。1カ月ごとにその評価の集計が出されて首席が決定され、この首席を3カ月続けると上級のクラスに進級することができました。この等級は10級に分けられ、身分の上下や先輩後輩に関係なく、能力によって決めるというように、実力主義の原則が貫かれました。

緒方洪庵の教育方針の根底には、医師として養われたヒューマニズムの精神がありました。洪庵は蘭学を学ぶ若い世代の人々に12カ条にわたって医師の在り方を説いています。これらは、適塾の教育を支える思想ですが、その最初に次のように述べています。

「医の世に生活するは人の為のみ、おのれがためにあらずといふことを其業の本旨とす。安逸を思はず、名利を省みず、唯おのれをすてて人を救はんことを希ふべし。人の生命を保全し、人の疾病を復活し、人の患苦を寛解するの外、他事あるものにあらず」（梅渓昇『緒方洪庵と適塾』）

それまで「賤業」とみられてきた医師が、大きな社会的使命を持つものであると宣言しているのです。

適塾で学んだ人々のなかからは、たとえば、幕末の外交交渉に活躍し、明治維新後に英学塾「三叉学舎」を創立した箕作秋坪《みつくりしゅうへい》、富国強兵を推し進めるも安政の大獄で死罪となった橋本左内、日本の殖産興業に尽力した大鳥圭介、福沢諭吉、日本の近代的軍制の創始者と呼ばれる大村益次郎、日本赤十字社の初代社長となる佐野常民、長崎医学校学頭で、のちに東京医学校校長となる長与専斎《ながよせんさい》など、幕末から明治にかけてそれぞれの立場で新しい日本を切り拓いていった人物が輩出しました。

吉田松陰の「松下村塾」

幕末におけるもう一つの私塾の代表が松下村塾です。幕末から維新の変革の時代に、さまざまな私塾が誕生し、新しい時代の到来に向けて、昌平坂学問所や既成の藩校では学べない新しい知識が教授されました。しかし、いくら新しい知識を蓄積しても、それだけで新しい時代を切り拓いていくことはできません。時代を見通す先見性と、改革していく強い意志と行動力を備えた人間の存在が必要となります。こうした意味において、多くの志士を輩出した松下村塾は明治維新の発進地であったと言えるでしょう。

松下村塾は1842（天保13）年に一種の寺子屋として開かれましたが、それを吉田松陰（1830～59）が私塾として主宰するのは、1856（安政3）年のことです。吉田松陰が真の教育者としての本領を発揮するのは、幕府の国防に対する不備に危機感を抱き、1854（安政元）年、浦賀における米艦への乗り込みを試みたものの、拒絶されて野山獄での生活が始まってからです。11人の囚徒を相手に獄中における教育に取り組み、松陰はまず俳句や書道を囚徒から習う一方、『孟子』について輪読会を実施したり、自ら講義を行ったりするようになります。『孟子』を選んだのは性善説を深く信奉していたためで、その大きな特徴は、常に現実の問題と絡めながら説明する点にありました。この自由な解釈が囚人たちの心を動かし、悪を憎み、善を称えるようになっていきます。

獄を許されて実家に帰り、幽居の身となった吉田松陰は、当時の松下村塾を運営していた叔父・久保五郎左衛門より、その松下村塾記を書くよう依頼されます。塾記とは、私塾や藩校の教育方針を述べる建学宣言書を意味します。そこで松陰が描いたのは、「人の最も重しとする所のものは君臣の義なり。国の最も大なりとする所のものは、華夷の弁なり。今天下如何なる時ぞや。君臣の義、講ぜざること六百余年、近時に至りて華夷の弁を合せて之を失ふ。然り而して天下の人、まさに安然として計を得たりとなす。神州の地に生まれ、皇室の恩を蒙り、内は君臣の義を失ひ、外は華夷の弁を忘れば、則ち学の学たる所以、人の人たる所以其れ何所に在りや」というものでした。

松陰は、学問教授は二の次であり、人を教化し奮い立たせる学問こそ、本当の学問である、と考えました。これは、松陰の教育宣言と言えるものであり、私学の「建学の精神」に通じるものでした。

そして松陰は、実家の屋敷内にあった小屋を改造し、8畳の一間を得て「松下村塾」の名のもとに、十数人の門弟を集めることになります。松陰が門人を受け入れる際、とくに重んじたのは「師弟論」でした。

「近来、師道はますますでたらめなものになってきている。私はこの点について考え、結論を得た。師を取ることが軽々しく行なわれ、また、慎重に師を選ぶことをしない。だから師道が軽くなっているのだ。大事なことは、いいかげんな気持ちで人の師になってはならず、また、いいかげんな気で人を師としてはならぬ、ということだ。

本当に教えることがあって、初めて師となる。学ぶべきことが本当にあって、初めて人を師とする。これでなければならない、と思う」（『講孟余話』）

これは、私学の創立者が次代を担う人材の育成を願い、私財を投げ打って学校を開設した姿と重なります。それぞれの教育理念に共鳴し、それぞれの学校の門を叩いてくれる人がいるからこそ、成り立つものだからです。逆に言えば、確固たる運営理念を持たず、ある意味で画一的な教育を提供せざるを得ない公立校の限界を示唆するものと言ってもいいでしょう。

松下村塾の教育テーマは〝人間〟であり、その目標は長州藩を背負って立ち、日本の危機を救う人材を育てることにありました。松陰と塾生の関係は、教える者と教えられる者という関係ではなく、ともに学び合う「師弟同行」という形が重んじられました。また、その教育は教室で書物を通して行われるだけではなく、畑仕事や塾舎の改築など労働を通して行われました。松陰はこれを「相労役」と言って重んじたのです。「相労役」は現代における体験型学習のような活動だと言えます。そして、松陰は弟子たちに一方的な講義ではなく、自分の意見を言わせたり、討論をさせました。現代におけるプレゼンテーション、ディスカッションを導入したことからも、松陰の先鋭的な考えが窺えます。松陰は、伝統重視の時代に、「何時でも、自分で情報を収集して先行きを判断せよ」と指導し、自分自身で必要な情報を集めて現実世界から学ぶことを徹底していたのです。

さらに、教育者としての松陰を際立たせているのが、書簡による教育です。塾生に与えた数多くの書簡が残されていますが、いずれも個々の塾生に対する忠告や励ましの内容が綴られ、塾生の長所を褒め讃え、そこから塾生が一つの方向を見出すことができるように導きました。

１８５９（安政６）年、幕府の命により、松陰は野山獄から江戸に回送された後、同年10月、「身はたとひ武蔵の野辺に朽ぬとも留置かまし大和魂」という辞世の句を詠み、29歳でこの世を去ることになります。

松下村塾から出た人材としては、松陰没後、長州藩の尊王攘夷運動の中心に立つも禁門の変で自刃した久《く》坂玄瑞《さかげんずい》、長州藩の尊王攘夷の志士として奇兵隊など諸隊を創設し、長州藩を倒幕に方向づけた高杉晋作、長州藩の活動家として活躍するも池田屋事件にて自刃した吉田栄太郎（稔麿《としまろ》）、尊王攘夷運動に参加するも同じく池田屋事件で倒れた杉山松助、禁門の変で参謀として闘うも重傷を負い自刃した入江九一、倒幕運動の志士として活躍したが、明治維新後、萩の乱の首謀者として処刑された前原一誠、幕末・維新の外交に重要な役割を担った品川弥二郎、倒幕運動に参加した後、初代総理大臣を務めた伊藤博文、明治維新後軍制の整備に努め、総理大臣になる山県有朋など、錚々たる名前が挙がります。維新の志士としても、明治初期の政治家としても活躍した人物が多く名を連ねており、松下村塾における教育が明治維新の契機となったことは間違いないでしょう。幕末は列強からの圧力が増し、大きな改革を必要とされた時期で、日本史における大きなターニングポイントでした。松陰の教育は、その時代にまさに必要とされた要素がつまったものだったのです。

5　幕藩立学校と私塾の果たした役割

❶……幕藩立学校の果たした役割——一貫した官僚養成

これまでみてきたように、幕藩立学校は、一貫して幕政や藩政を担う人材の育成に大きな役割を果たしました。江戸初期から中期において、文治政治への移行を促す人材の輩出に貢献し、幕府・諸藩ともに財政難が強まり、改革の必要性が高まるにつれて、教育の対象は広がりをみせました。享保の改革はその大きなきっかけとなり、人材登用の道は大きく開けることになります。

そうしたなか、学問の多様化に対応する藩校も少なからずみられましたが、保守的な姿勢を打ち破るまでに至りませんでした。寛政異学の禁を機に、幕藩立学校の教育は形式化・硬直化へと向かいます。幕末に向けて、海外からの接近もみられるなか、時代の変化に対応できなくなり、明治維新を迎えることになります。

藩校のカリキュラムは、一般的に儒教と武道から構成されました。儒教、とりわけ朱子学では、物事の理を極める格物・致知から始まり、誠意・正心・修身・治国・平天下へ（『大学』）というように、個人の道徳的な精進と人格の形成が何よりも優先されました。このことは、庶民のリーダーとして天下に平和をもたらすことにつながる、と考えられたのです。中国において儒教は、もともと科挙試験を受けて官僚になる士大夫の学でしたが、朱子学は知識よりも徳を重んじ人格の形成を優先させたと言えます。

日本においても朱子学は「道学」と呼ばれ、とりわけ厳しい禁欲的な道徳主義がその基本に置かれました。こうした禁欲的な道徳主義は、単なる知識としてよりも、身体動作を伴う日常的な儀礼として学ばれ、教えられました。武士教育に儒教が取り入れられ、その中心に置かれることによって、「武術」は戦闘のための技法から、自己を鍛え他者を導く「武道」としての性格を強めたようです。その意味で、身体動作の鍛錬が人間の人格形成や精神修養につながる、という文武両道の思想が定着していったのです。

　幕末に近づくにつれて、日本と日本人のルーツを述べた国学や、軍事技術や医学を中心とした蘭学を導入する藩校もみられるようになります。藩財政を再建する殖産興業に必要な人材の育成も求められてきます。しかし、農工商の三民のリーダーとしての武士に求められる素養は、あくまでも目先の利害や技術ではなく、庶民を率いていくに必要な見識と人格の形成にありました。その結果、藩校での学問に飽き足りない者たちは、私塾へと教育の場を移していくことになるのです。

図表3　代表的な藩校

学校名	藩	設立年	開設者
岡山藩学校	岡山藩	1669年	池田光政
明倫館	長州藩	1719年	毛利吉元
時習館	熊本藩	1754年	細川重賢
造士館	薩摩藩	1773年	島津重豪
興譲館	米沢藩	1776年	上杉治憲
弘道館	佐賀藩	1781年	鍋島治茂
日新館	会津藩	1788年	田中玄宰
進脩館	中津藩	1796年	奥平昌高
弘道館	水戸藩	1841年	徳川斉昭

図表4　藩校が輩出した主な人材

藩校	人物名
薩摩藩「造士館」	大久保利通、黒田清隆、松方正義、山本権兵衛、森有礼 他
長州藩「明倫館」	桂小五郎、長井雅楽、吉田松陰、高杉晋作、井上馨 他
佐賀藩「弘道館」	副島種臣 、大木喬任、大隈重信、佐野常民、江藤新平 他
長岡藩「崇徳館」	河井継之助、小林虎三郎、三島億二郎 他
中津藩「進脩館」	渡邊重名、小幡篤次郎、中上川彦次郎、和田豊治 他
仙台藩「養賢堂（旧称：明倫館）」	大槻文彦、千葉卓三郎、松川敏胤 他
姫路藩「仁寿山黌」	松岡操、亀山雲平、秋元安民 他

❷……私塾の果たした役割——信念に基づく多様な人間教育

私塾の「塾」という言葉は、もともと「閭塾《りょじゅく》」（閭は、中国周代の行政組織で、25戸を「閭」としたところから、人家の集まった里や村を指す。また、都市でもまちの一区画の意味で用いられた）というように、中国の教育組織のいちばん小さい単位として用いられたものでした。

私塾は、近世の封建的身分社会の一定の階層と結びついた官立学校とは異なり、むしろ身分社会を超えた人びとの集団ということができます。そして、そこで学ばれる学問も、官立が朱子学のみにこだわるのに対し、儒学の諸学派を教授するものや、国学および蘭学等を専門に教授するものなど、その内容は実に多岐にわたっている点が大きな特徴です。

私塾に共通する特質は、寺子屋等を経て一定の読み書きの基礎能力を修得した人びとが、私塾を経営する教師の学問への姿勢や人格を慕って主体的に集まって形成された学問共同体にあります。武士の務めとして学ぶことを強制された官立学校に対して、私塾はあくまでも学ぶ者の自由意志において教育関係が結ばれるところに、その教育的特質があると言えるでしょう。

私塾は寺子屋と同様、一様に定められた教育年限やカリキュラムもなく、個々の私塾によって教育年限や教育内容もまちまちです。だれがいつ何処で私塾を開業しようが、幕府や藩の禁令にふれない限り原則的に自由でした。それは、学問が「徳」という人間形成の原理と密接に結びついたもの、と考えられていたことによります。

教育の場では、師弟関係が重要視されます。師は教えるというよりも自らそのように生きることによって感化するのです。とりわけ、師の個性を慕って弟子が集まる私塾では、師弟関係が学問・教育の重要な要素となります。

私塾の特徴としては、のちの私学の「建学の精神」に結びつく教育方針の多様性、学問の多様性、学生の多様性、師の人間的魅力、師弟関係の濃密さ、形式的でない授業形態、「上→下」ではなく共に考える姿勢——などが挙げられます。

図表５　代表的な私塾一覧

塾	学問	創始者	備考
古義堂	古学	伊藤仁斎	
蘐園塾	古文辞学	荻生徂徠	吉宗に重用される
鈴の屋	国学	本居宣長	古事記伝の執筆
鳴滝塾	蘭学	シーボルト	伊東玄朴、高野長英が門下生
芝蘭堂	蘭学	大槻玄沢	杉田玄白、前野良沢の弟子
適塾	蘭学	緒方洪庵	大村益次郎、福沢諭吉が門下生
心学舎	心学	石田梅岩	手島堵庵、中沢道二らが門下生
懐徳堂	儒学	大坂町民の出資	三宅石庵が学主。 富永仲基、片山蟠桃らが受講
咸宜園	漢学	広瀬淡窓	門下に大村益次郎、高野長英ら
洗心洞	陽明学	大塩平八郎	大塩平八郎の乱を起こす
松下村塾	尊攘思想	吉田松陰の叔父	門下生に久坂玄瑞、高杉晋作ら

第3章

明治期以降にみる公立校と私学の軌跡

1　明治期〜戦前における公立校と私学

❶……明治期における教育改革——整備・体系化される公立校

近代的学校体系の確立

１８６８（明治元）年に成立した明治政府は、「文明開化」「富国強兵」「殖産興業」をスローガンに掲げ、欧米諸国をモデルにして、近代的な社会的・経済的な諸制度を採用することにより、近代化政策を推進します。

教育政策もその一環として捉えられ、中央政府により統一された国家的な教育制度の導入が喫緊な課題となります。１８７１（明治４）年に中央省庁として文部省（現・文部科学省）が設置され、翌１８７２年には日本で最初の体系的な教育法制として「学制」が公布されます。

江戸時代においては、１７９２（寛政４）年以降、昌平坂学問所が幕府の正式な教育機関として位置づけられたものの、藩校は藩主の判断のもと開設されたほか、私塾や寺子屋も多くの場合、主宰者の自由意思によって創設されました。また、教育内容についても、現在のような学習指導要領等は存在せず、統一された教科書があったわけでもありません。明治政府はこうした状況から、教育行政の中央集権体制を構築するとともに、学校設立に当たり学区制を採用し、地方教育行政の単位としても位置づけようとしたのです。

学校制度は米国をモデルにして、小学・中学・大学の3レベルで構成しました。一方、教育行政の中央集権制と学区制はフランスから取り入れました。具体的には、全国を8つの大学区に分け、各大学区に32の中学区、各中学区に210の小学区を設け、学区ごとに1校ずつの学校を設けることが決まり、全国で合計、大学8校、中学256校、小学5万3、760校の設置が予定されたのです。ちなみに、現在の小学校数が2万2、000校強と言われるなか、人口数がおよそ4分の1以下だったことを考えると、この5万3、760校という目標がいかに大きなものだったかが分かります。小学校は、上級と下級の各4年合計8年間とされ、ここには、性別、親の職業や社会的地位にかかわりなく、原則としてすべての子どもが通うことが求められました。

学制公布の前日、その趣旨を分かりやすく説いた「学事奨励に関する太政官布告」が発表されました。そこでは、①国民皆学、②学習の目的は個人の立身・治産[※1]・昌業にあること、③教育内容として実学重視、④教育費の受益者負担の原則――が謳われました。とりわけ②については、次のように述べられています。

「人々自ら其身を立て其産を治め其業を昌《さかん》にして其生を遂ぐるゆゑんのものは他なし。

※1　生計の道を立てること。

身を脩め智を開き才芸を長ずるによるなり。而て其身を脩め智を開き才芸を長ずるは学問にあらざれば能はず。是れ学校の設あるゆゑんにして……

されば学問は身を立つるの財本ともいふべきものにして人たるものだれか学ばずして可ならんや」

簡潔に言えば、学校に通って学問を身につけることは立身出世の手段なのだというわけです。この「学校＝立身出世」という考え方は、西欧的な個人主義を重視したものであり、以降、日本人の教育観の原型とも言えるものとなり、受け継がれ続けることになります。そのプロセスにおいて、社会全体で「一人前の人間」を育てるという日本人の伝統的な教育観は徐々に失われていきます。

教育は「私的利益に帰するもの」、すなわち個人に還元されるものとの認識が強かったことから、経費に関しては、初等教育は受益者負担であり、国家財政から教育費を圧倒的に投入したのは、国家エリートを養成する高等教育に対してでした。

新政府は多数の留学生を海外へ派遣するとともに、破格の高給を払って多くのお雇外国人教師を招聘し、科学技術教育の急速な進展を図りました。その給料は１８６８（明治元）年から１８７２年において全国家予算の３・98％に及び、科学技術振興を担う工部省の場合、同省予算総額の50％を超えていたほどでした。高等教育機関、とりわけ大学では、高級官僚、科学者、学者、医者の養成に力が注がれることになります。

江戸期の既存教育機関のその後

江戸幕府の公的教育機関である昌平坂学問所は、明治期に入ると維新政府に引き継がれ「昌平学校」と改称された後、１８７０（明治３）年に閉鎖されました。しかし、教育・研究機関としての昌平坂学問所は、幕府天文方の流れを汲む蕃書調所《ばんしょしらべしょ》から発展した開成所、種痘所の流れを汲む医学所と併せて、後の東京大学へ連なることになります。また、同地に設立された官立の師範学校（その後、〈新制〉東京教育大学を経て現在の筑波大学）や東京女子師範学校（その後〈東京〉女子高等師範学校を経て現在のお茶の水女子大学）の源流ともなりました。大学は、幕府の学問所などを活用しながら、１８７７年に東京大学（１８８６年、帝国大学と改称）が創設されましたが、大学１校時代が20年も続き、学制の８大学構想の実現には年月がかかることになります。

一方、全国各地の藩校は、廃藩置県後に廃止されましたが、学制発布後の中学校の直接または間接の母体となったようです。尾張藩の明倫堂、福山藩の誠之館、福井藩の明道館などといった藩校が、中学校を名乗ったりしました。旧藩校の名称が今日の高校にまで継承されている例もみられます。旧制高校は、明治初期の大学での講義の多くが外国語で行われたことに応じて、その準備をする語学学校として出発します。

学制発布後、短期間のうちに全国各地に小学校を開設することができたことは、江戸時代における民間教育機関である寺子屋の普及に負うところがきわめて大きいと言えるでしょう。また、維新後は郷学校等が全国各地に新しく設けられましたが、これらの学校は学制発布後の小学校の前身であり、小学校設立の母体となりました。

国民全員の学力向上とエリート養成

１８７２（明治５）年に導入された学制はその後、なかなか定着することができず、まもなく挫折します。制度化を急ぐ政府の姿勢は、少なからぬ経費を負担させられることとも重なって、大衆の強い反発を呼ぶことになります。とくに地方では、家族労働に依存する小規模の農家を中心として、子どもの就学による労働力の喪失という問題に、授業料の負担問題が加わり、しばしば学校も焼き討ちのターゲットとされました。

こうしたなかで政府は、７年後の１８７９年に学制を廃止して、単一の法令として諸種の学校制度を包括的に規定する「教育令」を新たに公布します。そのすぐ後、１８８０年代になって教育令は二度にわたり全面改正（１８８０・８５年）され、さらに１８８６年3月から4月にかけて、以下の法令が順次公布され、各種別の学校を規定することとなります。

①高等教育相当の機関を規定する『帝国大学令』
②教員養成機関を規定する『師範学校令』

③中等教育相当の機関を規定する『中学校令』（一県一尋常中学校令）
④初等教育相当の機関を規定する『小学校令』
⑤学校設備などを規定する『諸学校通則』

明治維新における教育政策は、近代国家建設の基礎として、一般国民の知的・道徳的水準を向上させることを目的とした初等学校の普及と、先進的な学問や技術、制度を西洋から吸収するための高等教育の整備が重視されました。

とりわけ、明治時代になって殖産興業が国是[※2]となったことにより、経済の発展に貢献する国民を多く養成する必要に迫られることになります。こうした背景のもと、１８８６年の小学校令で国民に義務教育を準備し、師範学校令により無償で学べる機会を与えて優秀な教師の育成を図ろうとしたわけです。また帝国大学令では、国の指導者になる人材を育成しようとしたことは言うまでもありません。日本においても、国民全員の学力の底上げ（教育の平準化）と、指導者・エリートの育成という二つの目的を達成して、経済を強化することへの期待は大きかったのです。

難航した中等教育の拡充

明治政府は、鉄道や道路などをはじめとする社会インフラの整備、西南戦争[※3]や列強に対抗するための軍事費支出などに迫られるなか、財政難を余儀なくされました。

※2
国家としての方針。

※3
１８７７（明治10）年に起きた、西郷隆盛ら鹿児島県士族による最大にして最後の士族反乱。西郷は大勢の兵を率いて政府軍と激戦を繰り返したが、田原坂の戦で敗北。以後は自由民権運動が反政府運動の主体となった。

このため、限られた教育予算にあって、小学校の設置が精いっぱいで、実際にはほかに手が回りません。とりわけ、初等教育と高等教育のあいだをつなぐ中等教育を担う中学校の整備は、なかなか進展をみませんでした。

中学校の数は、小学校卒業生の数と比較してきわめて不足した状況が続いたため、従来の藩校などがカリキュラム不備のまま行う変則中学や、免許を持つ教師が私的に教える中学私塾、免許を持たない教師による家塾なども認められました。

また、多くの県で採用されたのが、師範学校に中学校を併設する方法でした。1872（明治5）年、東京に官立の師範学校が設立されたのを皮切りに、その後、師範学校は日本各地に設置されました。こうした師範学校には、教員志望者だけではなく、他の上級学校を志望する者のための学級が設けられるケースもみられます。

こうして、公立中学校の校数は、1874年11校、1877年31校、1879年107校と増加し、その生徒数は7、786人となりました。学制発布時の目標である256校にはほど遠い状況にあるなか、私学の中学校がこれを補う役割を果たします。その数は、1874年21校、1877年358校、1879年には784校と増加し、生徒数は3万2、243人を数えています。この時期、政府の財政難で整備が進展しなかった中等教育は、私学によって支えられたと言ってもいいでしょう。

このように数の上では、全国各地にそれなりの中学校ができましたが、1878年における統計では、教員がひとりだけという中学校が全体の約70％を占めていました。そこで、文部省では中学校の標準化を進め、多くの私立中学校を各種学校扱いとするなどした結果、学校数は急速に減少しました。

資本主義の発展と軍備拡張を進める政府にとっては、小学校に続く教育の整備・拡充が重要な課題となってきます。ここでとられたのが複線型の学校体系です。一つが上級学校へつながる中等教育、もう一つが卒業後ただちに就職する者のための実業補習教育です。前者については、1886年の中学校令によって、「実業に就きたいと思う者または高等の学校に入学したいと思う者に必要な教育を行う場所」と位置づけられました。中学校卒業生の進路は就職と進学とに分かれ、さらにその中学校は尋常中学校と、その卒業生の一部を受け入れる高等中学校に分けられました。尋常中学校は府県に適宜設置するものの、地方税によるものは当面、府県1校に限られ、高等中学校は、文部大臣の管理のもと、全国を5学区に分け、それぞれに1校ずつ計5校設置されることになりました。現在の東京大学教養学部にあたる第一高等中学（以下、「一高」）に続き、第二高等中学が開設されますが、これは、第3学区の高等中学校という意味で、設立順序というわけではありません。そして、四高は金沢藩の藩校明倫堂を引き継ぎ、旧藩主前田家の援助もあって金沢に置かれます。五高は熊本に置かれましたが、これは一高の分校とも言うべき性格で旧藩校との関連はありませんでした。

これを機に、主として県庁所在地以外の都市に設立されていた中学校は廃止されたり、辛うじて私立として存続したりすることになります。一部例外的なものもありますが、この段階で各県に設立された尋常中学が、いわゆる「一中」的な存在ということになります。

しかし、高等中学校の場合、ほとんどすべての卒業生が帝国大学への進学を希望し、就職と進学という二つの進路を持つという本来の趣旨に反する傾向が出てきます。これに対し当時の井上毅文相は、8年経った1894年、高等中学校を「高等学校」と改称し、専門学科を教授する学校とする一方、帝国大学入学希望者のために予科を置くことができるようにしました。中心はあくまで一つの完成教育としての専門教育にある、と規定したのです。

こうして、全国に7つの高等中学校と約50の公立尋常中学校が生まれ、1872年に構想された全国くまなく近代的な教育を普及しようという理想が、不完全ながらも実現したのです。

高等中学校と尋常中学校

森有礼文相は1886（明治19）年に中学校令を発令し、同令で高等中学校は「社会上流の仲間に入るべき者」、「社会多数の思想を左右するに足るべき者」を養成し、尋常中学校は「社会の上流に至らずとも下流に立つ者ではなく、最実用を為すの人」を養成する学校である、と規定しました。

尋常中学校を卒業し、高等中学校や他の専門学校に進む者がいるものの、主流は「これを卒業して直ちに実業に就く者を養成することを目的とする。この種の学校は租税を以て強いて経費を支弁するを要しないとも言えるが、我国今日の有様においては、地方税の支弁または補助による尋常中学校を各一校設置し、責任権力がある校長等を置いて官の手でこれを管理する必要がある」として、当時の状況においては、官主導で中央集権的に進める必要性があることを強調したのです。

文明開化の進展によって向学心はいやがおうにも高まり、1891年には、尋常中学校を各地の実情に応じて複数設置することが認められるようになります。この中学校令の改正は、尋常中学校を設置する制限を緩和し、各府県に数校の設置を認めるもので、郡市町村も場合によっては設置ができるようになりました。また1893年には尋常中学校等を設置するための町村学校組合も認められ、1897年には学校数156校のうち、国立1校、府県立116校、郡市町村立12校、私立27校となりました。

その後、1899年2月、第二次中学校令が発令され、尋常中学校は「中学校」に改称、その目的を「男子に必要な高等普通教育を行うこと」と規定されます。各府県に対して「1校以上の中学校を設置しなければならない」として中学校設置を義務づける一方、郡市町村や町村学校組合にも、より容易に中学校設置が認められました。

❷……次々と産声をあげる私学

近代教育の一端を担う私学

明治政府による近代的な学校体系の整備は、スタート時、必ずしもスムーズに進んだわけではありませんでした。また、とくに国民の教育平準化を目指した初等教育あるいは中等教育では、教育内容が画一的にならざるを得ず、その多様性を求める声も小さくありませんでした。

こうしたなかで、地方都市においては、明治維新後も、藩校を源とする私学が旧藩主の援助を仰ぎつつ、独自の理念に基づいて中学校を開設するケースも少なくなかったようです。一方、東京には藩校が存在しなかったため、伝統に縛られることなく中等教育機関が誕生していきました。ある研究によると、東京で開設された漢学系私立中学校や外国語系私立中学校の多くは、江戸時代の漢学塾や洋学塾がそのまま移行・拡大したものだと言います。

学制以降、学校制度が構築されていくなかで、初等教育と高等教育の重要性が増す一方、中等教育の整備が遅れたことはすでに述べましたが、とりわけ東京では、高等教育へ連結する中等教育は私学に依存していたのが実情だったようです。

その後、1880（明治13）年に改正された教育令により、「中学ノ品格ヲ備ヘ」ない大多数の私立中学校は「其他各種ノ学校」とされた結果、東京の私立中学校はわずか1校となったものの、各種学校として教育活動を継続していくことになります。それらの学校のうち、後年私立中学校に発展的に転身し、1897年以降も継続できたのは、東京英語学校（現・日本学園中学校・高等学校）、共立学校（現・開成中学校・高等学校）、攻玉社（現・攻玉社中学校・高等学校）、成城学校（現・成城中学校・高等学校）、順天求合社（現・順天中学校・高等学校）、三田英学校（現・錦城学園高等学校）、上野塾（現・東京高等学校）、獨逸学協会学校（現・獨協中学校・高等学校）、立教大学校（現・立教池袋中学校・高等学校）のわずか9校を数えるだけでした。

日露戦争（1904～05）、第一次世界大戦（1914～18）などを背景として、日本の資本主義は急速に発展します。これに伴い、国民の教育需要も増大し、教育制度の拡張や再編を求める声が高まっていきました。日露戦争に勝利した頃から、世界のひのき舞台に躍り出た日本は、複雑な国際問題や社会事業に直面しながらも、産業を軽工業中心から重工業中心へと移行させつつ近代国家へと脱皮していきました。これに伴い、義務教育延長に対する気運が高まります。さらに、第一次世界大戦が始まり、日本の有利な立場が戦後の好景気を招き、商工業の発展を促しました。中等教育への進学希望者は一段と増加したものの、当時はまだ中学校が十分に設立されておらず、これらのニーズに対応できるのは私学だったのです。

前述したように、１８９９年2月、第二次中学校令が発令され、中学校の開設が容易になったにもかかわらず、府県立学校数・生徒数に急激な増加はみられませんでした。一方、私立学校数をみると、設置されない府県もあれば、東京府のように急激に増加する府県もみられました。結果として、中学校全体の学校数に大きな府県間格差が生み出されます。私立学校の有無が戦前期における中等教育普及の府県格差を決定づけたとも考えられます。

私学の貢献もあって中学校が増設されたことを受け、次第に上級学校進学の気運が高まります。明治初期には学校を目の敵にした大衆のあいだでも、やがて「学校＝立身出世」という考え方が広まっていくことになります。明治30年代から中学校（旧制）、女子の場合は高等女学校の入学希望者が次第に増え始めます。

代表的私立大学の前身校

一方で、明治30年代には、早くも第一高等学校など旧制高校は相当の狭き門となります。第一高等中学校についてみると、１８７７（明治10）年に官立東京英語学校と官立東京開成学校普通科（予科）が合併して東京大学予備門となり、ほかの予備門を併合しつつ発展しました。同校は１８９５年に第一高等学校となりますが、１・５倍だった入学倍率は、明治30年代には2倍以上、さらに1908年には5倍へと急上昇します。高等教育への進学熱が急速に高まっていったのです。

こうしたなか、さまざまな私学が誕生し、日本の近代教育の一端を担うことになります。のちに代表的な私立大学へと発展していく前身校の登場です。

私学の代表と言える慶應義塾は、幕末の大坂、蘭学者の緒方洪庵の適塾に学んだ福沢諭吉が故郷である中津藩の命を受け、江戸に下り1858（安政5）年、蘭学塾を創始したのが始まりと言われます。進取の精神をもって欧米諸国を見聞した福沢は、帰国後、古いしきたりや慣習にとらわれない教育を実践し、慶應義塾が継承する伝統の礎を築いたのです。

「天は人の上に人を造らず、人の下に人を造らずと云えり」――明治初期、『学問のすゝめ』で人間の自由・平等・権利の尊さを説き、新しい時代の先導者となった福沢諭吉の教育理念は、慶應義塾にいまも脈々と受け継がれています。その教育の基本にある「独立自尊」とは、権力や社会風潮に迎合しない態度、自己の尊厳を守り、何事も自分の判断・責任のもとに行うことを意味します。

慶應義塾の卒業生は経済界に進出しただけでなく、初期の師範学校教員となって教員養成の任を担うことも多かったと言われます。しかし、学校教育は政府主導により、あくまで富国強兵の国策に沿って実施されるようになり、官学出身者がその教職に就くようになります。これに対し、学校教育を政府に依存するだけでは自治独立の気風が育たないと考える人たちが、慶應義塾に続き、自ら学校を開設します。

代表的なのが、大隈重信らによって1882（明治15）年に設立された東京専門学校（早稲田大学の前身）です。その建学精神は、開校式における小野梓（1852～86）〈創立の事実上の中心人物〉の演説に表れています。小野は、「一国の独立は国民の独立に基づき、国民の独立はその精神の独立に根ざす」とし、さらに「国民精神の独立は実に学問の独立に由る」と、何よりも学問の独立を強調しました。

関西では、新島襄（1843～90）らが1875（明治8）年、京都にキリスト教プロテスタント系の会衆派教会（組合教会）の流れをくむ同志社英学校を創設し、1888年には「同志社大学設立の旨意」を発表します。同志社はキリスト教主義を掲げ、高等教育を帝国大学だけに頼ることをよしとせず、米国の建国者たちが移住直後から開設したハーバード大学に注目し、米国人が「自治の元気に富む」のもこうした大学の存在によるところが大きいものと考えました。そして、「自治自立の人民」を養成するという福沢諭吉や小野梓らと共通の目標を掲げ、私立大学が自ら特性を発揮することによって、その目標は達成できると主張しました。

1918（大正7）年、高等教育分野における改革として、「大学令」が公布されます。これによって、従来の総合制の帝国大学のみならず、単科大学や私立大学の設置が認められることになりました。これを受け、１９２０年に官立の東京商科大学（現・一橋大学）が認可され、早稲田、慶應義塾、明治、法政、同志社、関西学院などの専門学校が私立大学に昇格します。また、従来は中等教育レベルに位置づけられていた師範学校も、次第に高等教育に近づいていきました。

キリスト教系学校の活躍

明治中期以降、条約改正によって在日外国人の内地雑居が進展するにつれ、外国人経営による私立学校が増加しましたが、これらの学校には、キリスト教教会を設立母体とするミッションスクールが多く含まれていました。

当時も現在も、国・公立校では法的に宗教教育は行ってはならないことになっていますが、私立学校には宗教教育、宗教活動への制約がなく、自由な宗教教育が行われました。キリスト教（旧教、新教）、仏教、神道など宗教的な雰囲気のもと、敬けんな生活態度が身につき、礼儀正しく、奉仕の精神が養成されていました。

教育勅語中心の教育の推進を図る文部省にとって、キリスト教系学校の拡張は危惧すべきものに映り、宗教教育に枠をはめようとする動きが現れ始め、１８９９（明治32）年に発令された私立学校令も、当初はそのような学校における宗教教育・活動の規制を意図したものでした。

私立学校令には、監督官庁（地方長官）の私立学校に対する強い監督権限に関する規定があり、私立学校の個性的な発展を妨げていました。このため、政府が軽視したり、力を注ぐ余裕のなかったりした分野において、私立学校は重要な役割を果すことになります。前者は中等学校以上の女子教育、また後者は幼児教育であり、その両者において内外のキリスト教徒が活躍したことも見逃せません。

しかし、その後、同令の持つ性質は私立学校全体のあり方の統制へと変化していきます。当時の「官尊民卑」の社会では、私立学校は官公立学校に比較して高くない評価を余儀なくされていたことや、教育は国家の重要事業で、私学はその一部を代行しているに過ぎず、厳格な監督が必要であるという見方が背景にありました。

キリスト教系学校の排除は、私立学校令と同時に公布された明治32年文部省訓令第12号（いわゆる「宗教教育禁止令」）を通じて行われました。同訓令では、学科課程・課程外を問わず、各種学校を除く官公私立学校での宗教教育・活動が禁じられました。宗教教育が継続できなくなったことで、キリスト教系学校の多くは深刻な問題に直面しました。制限や干渉を受けながらも正規の中学校・高等女学校となるか、あるいは徴兵猶予や上級学校進学権といった特典を返上してでも宗教教育を続けるか——という選択を迫られたのです。後者の道を選んだ青山学院の場合は、特典を喪失した後に生徒の中退や転学が相次ぎ、一時期経営が窮地に立たされたと言われます。

女子教育の発展促進

１８９３（明治26）年における小学校就学率は全体で59％となるなか、女子は41％に低迷していました。明治維新期において女子教育への関心が高まりましたが、それは知識層に限られたものであり、就学率は伸び悩んでいたのです。

女子の中等教育機関としては、１８８２年に東京女子師範学校付属高等女学校が設けられたものの、文部省が高等女学校規程を出したのは１８９５年のことです。ここで尋常小学校４年修了で入学、就学年限６年と定められました。単独の学校令として高等女学校令が出されるのは、１８９９年までまたなければなりませんでした。

このように教育において男女の差別があった時期、女子の専門教育への道は民間人の手で切り拓かれていったのです。１９００年に女子教育の先駆者・津田梅子（１８６４〜１９２９）による女子英学塾（現・津田塾大学）、女性医師・吉岡弥生（１８７１〜１９５９）による東京女医学校（現・東京女子医科大学）、翌１９０１年にはキリスト教牧師・成瀬仁蔵（１８５８〜１９１９）による日本女子大学校（現・日本女子大学）など、女子の高等専門教育機関が相次いで設立されました。いずれも官学に比べれば貧弱な施設でしたが、たとえば津田は民家を校舎とした英学塾の開校式において、女子の専門職として英語教師に期待を寄せる一方、学校を発展させるものは施設の大きさではなく、何よりも教師の情熱・力量と生徒の学習意欲であると語っています。

私立の女学校は、新しい時代の女子教育を特色づけるものであり、ミッション系の女学校がその中心的役割を担いました。明治維新後の新しい女子教育の開拓は、キリスト教の宣教師の力によるところが大きかったのです。

１８７０年、横浜においてミス・キダー（Mary Eddy Kidder、１８３４〜１９１０）によって英学塾が開設され、後にフェリス女学院として発展します。同じく横浜に１８７１年、横浜共立学園が設けられましたが、これも３人の婦人宣教師によって設立された女子英学塾でした。東京では１８７０年にA六番女学校（女子学院中学・高等学校の源流の一つ）、またミッション系ではありませんが、１８７１年に芳英女塾、１８７２年に水交女塾が開設されており、いずれも早期に設立された女子英学塾として注目されます。

このように女子教育などに新しい動きが起こった19世紀末から20世紀初頭は、小学校就学率が90%を超え、義務教育がほぼ完成した転機でもありました。日本では、公立校がカバーし切れない宗教教育と女子教育という二つの分野について、私学が補完的な役割を果たしたのです。このことは、私学が当時から公教育をしっかりと担っていることの証と言えるでしょう。

2　戦後～高度経済成長期における公立校と私学

❶……戦後の教育改革

1945（昭和20）年の終戦後、日本は連合国軍総司令部（GHQ）の統制のもと、非軍事化・民主化・国家再建が推進され、1946年には平和主義と民主主義を掲げた日本国憲法が公布されます。この新憲法の第26条に「教育を受ける権利と義務」が謳われ、翌年3月31日施行の教育基本法には「教育の機会均等」が規定されました。

「すべて国民は、ひとしく、その能力に応ずる教育を受ける機会を与えられなければならないものであって、人種、信条、性別、社会的身分、経済的地位又は門地によって、教育上差別されない」

教育基本法第3条の第1項にはこう書かれていますが、戦後のさまざまな教育改革を指導した理念は、ここにある「差別の撤廃（＝平等）」でした。新しい教育制度の骨子は、①戦前の複線型学校体系を単線型の6・3・3・4制に転換する、②義務教育を小学校と中学校の9年間に延長する、③男女共学を原則とする、④県・市町村レベルに教育委員会を設置する、⑤師範学校を廃止し教員養成を大学で行う——の五つにまとめられます。

それまでの学校制度では、尋常小学校（終戦時は国民学校初等科）における6年間の義務教育の後、高等小学校（国民学校高等科）、中学校、高等女学校、実業学校、青年学校などの多様な学校がありました。「学問は身を立つるの財本」と言っても、現実には階層に応じた複線型の制度になっていたのです。

戦後の教育改革は、6年間の小学校の後に3年間の中学校（新制）を設け、6・3制の義務教育としました。その後には3年間の高校（新制）をつくり、複線型の差別的な制度に代えて平等な単線型にしたのです。さらに、「小学区制・男女共学・総合制」の3原則を掲げました。これは、単線型を形成する一つひとつを平等にするためのものと言えるでしょう。

新制中学校は、財政難もあって産みの苦しみを経験しましたが、1950年頃に9年間の義務教育はほぼ完成されました。発足当初は予算や資材の不足から、校舎、設備、教材、教具に加え、教員組織についてもきわめて不満足な状態でした。母体や下地を持たずに発足したため、とくに校舎や教室の不足は深刻を極め、いわゆる青空教室や不正常授業は至るところでみられました。発足当初の教員充足率は約81％で、必要な免許状を持たない者の比率はきわめて高かったと言われます。また、私立中学校への教育委託の方策も行われました。これは公費による生徒一人当たりの委託経費をもって、一定の条件を定めて私立学校に教育を委託する方法で、新制中学校全学年収容が完成したのを機に廃止されています。

多くの新制高校は、1948年に旧制の中学校、高等女学校、実業学校が改組して生まれました。当初は戦後の経済的困窮もあって新制高校への進学率はそれほど高くなかったため、それで十分でした。しかし、1950年には、新制中学校での3年間のカリキュラムを終えた第1期生が新制高校に進むこととなり、進学率も急速に上がっていきます。

❷……「平準化」シフトを強める公立校 進学率の急上昇と新たな矛盾

高校進学率は、1950年代後半では50％を超えた段階に過ぎず、高校進学者と非進学者を分ける要因は多くの場合、家庭の経済的水準と言われました。しかし、1960年代に入り、高度経済成長が本格化すると、「一億総中流」という流行語に象徴されるように、経済的理由で高校進学をあきらめる人々が急速に減少します。

当時は、国や都道府県の管理・運営する公立校では、授業料などの教育費を家計が負担する比率はできるだけ低くするべきである、という社会的合意がありました。公立校に限定すれば、学費は相当に安く、家計所得のかなり低い家庭の子どもであっても、本人の能力と意欲次第で、少なくとも公立高校に進学することが可能でした。

ちなみに、1965（昭和40）年1月の毎日新聞によれば、「東京都が軒並み値上げ」という見出しで同年4月から都立高校（全日制）の授業料が600円から800円になることなどを伝えています。『続値段の風俗史』（朝日新聞社）によると、同年の公務員（国家公務員上級職）初任給が2万1、600円という時代です。この新聞記事では、「都立高校の授業料は1956年から据え置きになっていたが、人件費、電話料、電灯料、水道料などが値上げされており、学校運営費の赤字が増える一方だった」と記しています。

その後も、日本が世界に例をみない高度経済成長を続けるなか、家計経済の安定、都市部の中間層の拡大、第1次産業の減少に伴う雇用労働の増加などを背景としながら、より高いレベルの学歴を求める国民の進学ニーズは急速に高まります。

進学需要はまず後期中等教育（高等学校）、そして高等教育（とくに大学）へと波及します。1962年には、進学を希望する者全員を高等学校に受け入れるべきとする「高校全入」運動も開始されました。また、経済界からの要請を受け、高校教育の多様化、職業技術系高校の拡大、高等専門学校の創設、理工系大学・学部の増設などが教育政策に反映されていきました。

小学校と中学校の9年間における義務教育の就学率は、1950年に99・2％に達します。第1次ベビーブーム世代が高校就学年齢を通過した後の1970年代、高校進学率は一気に上昇します。１９６０年代に入学定員が大幅に拡大したことを受けたもので、１９７０年の高校進学率は82・1％にのぼりました。進学率80％未満の府県も17ありましたが、１９７５年には、本土復帰直後の沖縄県を除いて80％未満の県はなくなり、ほとんどの都道府県で80％後半から90％台となります。そして、１９８０年の全国の進学率は94・2％に達しました。

高校進学率の高まりは、高校を準義務教育と呼ばれるまでに普及させます。これに伴い、一定水準までの学力の向上と維持が課題になりました。その結果、義務教育と同様、偏りのない平準化した教育が公立（高）校には求められたのです。

急速な教育の量的拡張は、日本の経済的・社会的・文化的発展の推進力となります。日本の教育は、産業界、そして日本の社会が求める資質を備えた人材、すなわち技能の変化に対応し得る基礎的な知識と技能、規律正しさ、勤勉さ、忍耐力、協調性などを身につけた人材を数多く供給することができたのです。そして、このことは、平準化した教育の成果とも言えます。

第1次ベビーブーム世代を背景として高校進学希望者が急増した１９６０年代において、財政難を背景として公立校が十分に対応できないなか、多くの私学が地域の要望に応えるべく、その受け容れに多大な努力を払いました。短期間でプレハブ校舎を建設したり、１クラスの生徒数を増やしたりすることにより、教育の機会提供に全力で対応したのです。地方自治体によっては、こうした私学の貢献を高く評価し、いまだにその恩義を忘れず、公私間の収容バランスをはじめ私学への配慮に気を配るところがみられる一方で、あたかもそうした事実を忘れたかのように、公立校中心主義とも言える姿勢をとるところもみられることは、とても残念なことだと思います。

一方で、生徒が急増するのに伴い、その行動に過剰な統制を強いる管理の強化が問題とされました。また、厳しい入試競争は、初等・中等教育に歪みをもたらしている、という声も聞かれるようになります。丸暗記の強制や詰め込み教育が生徒たちの探求心や創造力を奪っているとの批判もあり、「落ちこぼれ」の増加も指摘されるようになっていきます。

平等=平準化に拍車がかかる公立高校

高校進学率が急上昇する過程において、公立高校では「平等」に向けた新しい課題が生じます。生徒の能力・学力・成績による「差異的処遇」が問題とされ、「能力別編成」や「習熟度別編成」が批判されるようになったのです。さらに、1965(昭和40)年に戦後初の赤字国債が発行されるなど、国家財政が緊迫すると、財政支出の抑制政策が採られます。その結果、1970年代の初頭から、公立校の授業料の値上げが急速に進行しました。

一方、国公立・私立間の学費格差が大きすぎることから、それを是正するために後述する私学助成金制度が導入されます。そこには、私学のなかで経営難に陥った学校が出現したといった理由もありました。１９７０年度から私学の経常費に対する国庫補助が始められました。さらに１９７５年には、国からの私学助成を拡充するため、私立学校法59条が改正、私学振興助成法が制定され翌１９７６年に施行に至ります。この私学振興助成法は、日本私立中学高等学校連合会の棚橋勝太郎理事長、堀越克明副理事長、吉田盛次理事らの尽力により実現したものです。一方で、私学助成の拡充と同時に、所轄庁による私立学校に対する監督も強化されることになります。

１９８０年代に入ると、高校教育は再度、拡大の時期を迎えました。第２次ベビーブーム世代が高校進学年齢に達したからです。進学率が同レベルで推移した場合、全国で10年間に、高校進学者数は30万人程度増加することが見込まれました。１学年３６０名規模の高校であれば、全国で８３０校あまりが必要になる計算でした。全国知事会の調査でも、１９８２年から１９８８年までの7年間に、７７９校の新増設が必要となり、その事業費は1兆４、７３４億円にのぼると試算されました。

高校教育は都道府県の所管であり、３大都市圏の自治体は財政難のなかで国庫補助にも依存できず、自らの財政事情も厳しいなかで、急増対策を策定しなければなりませんでした。

いくつかの都道府県では、高校間の格差を是正するために公立高校において総合選抜制が導入されていました。これは、1967年に東京都で導入された学校群制度は、その代表例と言えるでしょう。これは、いくつかの学校を組み合わせて「群」をつくり、受験生に学校群単位で志望させ、合格者をその群の学校の学力が平均化するように各校に振り分ける制度です。

この制度のもとでは、公立高校に進学する場合、自分の志望する高校に必ずしも入学できないことを意味します。そのため、特色のある教育を実施する、国立・私立の高校へ志望が高まることは不可避となりました。こうした国立・私立高校は中学校を併設校として備えているため、小学校・中学校からこれらの学校に入学を希望する生徒も増加していきました。

拡大する公立高校のミスマッチ

二つのベビーブームへの対応は、公立高校の教育と、その生徒たちのニーズのあいだに大きなギャップをもたらします。1970年代以降に増設された高校は圧倒的に全日制普通科であり、多様な進路ニーズに対応できなかったからです。

その理由は、第一に財政的な事情です。厳しい財政事情のもと、また地価の高騰が進むなかで、なるべく多くの生徒を収容するためには普通高校が最も効率的だったのです。職業高校を建設するには施設・設備の面で、普通高校よりもはるかに多額の費用がかかりました。その結果、校舎の配置もほとんど同じになるなど、没個性的な普通高校が大都市圏の近郊都市周辺に大量に建設されました。

第二に、急増対策は教育行政の主導で効率性が優先され、どのような高校をつくるかといった政策を論じている余裕がありませんでした。1970（昭和45）年に68：32であった普通科と職業科の比率は、1990年には84：16となります。大都市圏に大量の普通高校が新設されたことは、性格の曖昧な高校を大量に生み出しました。進学志向の強い東京都でも大学への現役志願率は55％程度である一方、大都市圏で普通科比率が8割を超えたことは、大学進学とは無縁の普通高校が大幅に増えることを意味しました。

このような学校では、生徒の一部は漠然とであれ大学進学を希望しますが、何割かは親から就職することを期待され、また残りの何割かは専門学校へ進学することを考えているというように、生徒の進路も多岐にわたるようになります。いわゆる「多様化校」と呼ばれる高校です。地域社会の求めに応じた進路実績も上がらず、学校としての評価が低迷するようになると、学力面だけでなく素行面などでも問題を抱えた生徒が入ってきます。

ちょうど1980年代の初めは、中学校で校内暴力が頻発した時期に当たり、問題を抱えた生徒が非行問題などを起こすと学校の評判はさらに落ち、ますます問題を抱えた生徒ばかりが入学してくるという悪循環に陥りました。新設の公立普通科高校では職業教育もなく、目標を見出せないことから、大量の中退者を出すようになり、ますます学校運営に行き詰まらざるを得なくなったのです。

❸……「時代を切り拓く多様な人材育成」で力を発揮する私学

多様な教育の提供こそ私学の神髄

私学には「建学の精神」があり、創設者の人材育成への思いと理想が込められていることはすでに何度か述べてきました。そして、多くの私学は、時代の変化に柔軟かつ的確に対応し、建学の精神を深化・発展させながら、常に教育ニーズを先取りするかたちで応えてきました。なぜならば、そうした努力を怠れば、入学希望者が減少し、経営が成り立たなくなるからです。その意味で私学は毎年、入学試験というリトマス試験紙で国民からテストされている、と言ってもいいでしょう。

100の私学があれば100の教育理念があり、100の教育方針があります。このことは、公立校が国民の教育の平準化への取り組みを強めれば強めるほど、魅力的なものに映るでしょう。とりわけ、公立高校が必ずしも生徒たちの教育ニーズに対応できていない状況にあっては、なおさらのことと言えます。

公立校の教育方針や教育内容は教育委員会によって統轄されており、画一的にならざるを得ません。私学では戦後、公共性とともに自主的な活動が法的に裏づけられ、それぞれの校風に魅力を感じて集まる生徒に対して、一人ひとりの個性や特性を伸ばす教育を行ってきました。こうしたきめ細かい教育は私学の特徴で、このことが社会で信頼されている理由と言えます。

兵庫県播磨高校の成り立ちと特色教育

私が校長を務める兵庫県播磨高等学校を例として、私学ならではの特徴ある教育の提供に努めている姿を紹介しましょう。本校は、1921（大正10）年、「地域社会の要求に応じ、新しい国家社会の建設と、望ましい家庭生活を創造しうる有能な女子を育成する。」という建学の精神のもと、前身となる共愛裁縫女学校として兵庫県姫路市に創立されました。

兵庫県には明治以前から、藩校・郷学・私塾・寺子屋など数多くの教育機関が存在し、良妻賢母の養成を目的として、家事裁縫や技芸といった女子教育を専門とするものも数多く設けられていました。その後、1899（明治32）年2月、道府県ごとに1校の高等女学校設置を義務づける「高等女学校令」が制定されたことにより、義務教育である尋常小学校を卒業した女子の進学の道が拓かれました。しかし、全国に誕生した官公立の高等女学校では、官製の教育課程による画一的かつ統制的な教育が推し進められ、疑問と批判の声が上がっていました。明治から大正へ移行すると、大正デモクラシーのもと自由教育運動が広まり、個性教育や自発的教育が叫ばれるようになります。

こうしたなか、私の祖父に当たる創立者は、ある少女のうしろ姿に目をとめました。県立女学校の合格発表の帰り道、泣きながら歩くその姿をみて、「国家の繁栄と国民の幸福は教育の振興によらねばならない。とりわけ、女子教育こそ国家百年の盛衰に関わる緊要事である」との信念を強くし、学校設立を決意したのです。

本校は、建学の精神に掲げられた理念のもと、時代の変化に柔軟かつ適切に対応してきました。その一つが、1974（昭和49）年に正科として「教養科」を導入したことです。この教科は、人として、女性としての礼儀作法、立ち居振る舞い、言葉づかいなどを学び、豊かな心を育てることを目的としたものです。

日本の高校では、長年にわたって、試験で良い点を取ることへの評価に重きを置き、思いやりや、心づかい、優しさといった数字に表せないものを評価しない「知識偏重」の教育がなされてきました。その結果、さまざまな弊害が顕在化していました。そうしたなかで本校は、品位ある人格の上にこそ、勉学における優秀さが成り立つと考え、「心の優秀さを引き出す教育」をすべての教育の根幹としてきました。その象徴が、「教養科」だったのです。

「国際教養人」を送り出すために

そして近年、本校がとくに力を注いでいる教育の一つは、「国際教養人」の養成です。グローバル社会の到来は、個人や組織の可能性を広げてくれるものです。活躍の舞台が大きくなり、挑戦のチャンスが増え、良き仲間やライバルを世界中に持つことで、叶えられる夢も大きくなる――それが、世界各国の人々にとってのグローバル化の本来の意味であったはずです。

ところが、このグローバル化の波は、日本に、合理主義・個人主義の側面を際立たせつつ流れ込んできました。そして日本では、この波が、行き過ぎた競争主義につながりました。現在の日本において、グローバル化を、人が未来に夢を持つことのできる社会への道しるべと呼ぶことはできません。

その理由の一つとして、日本人が、日本人こそが持つ美徳・感性・ものごとに対する姿勢に、誇りを持たずに生きていることが挙げられます。グローバル社会において、最も大切なのは、人と人とが互いに尊重し合い、認め合うことです。その1対1のコミュニケーションが豊かなものであることが、豊かなグローバル社会をつくることにつながります。そうであれば、私たちはまず、相手を認め尊重する「自分」、日本人としてのアイデンティティをしっかりと確立しなければなりません。自国の伝統を自らのなかに持ち、文化を身にまとい、他者と豊かなコミュニケーションを交わせる人間を育てたい――この理想の人物像を、「国際教養人」と捉えているのです。

本校では、「国際教養人」としての資質を身につけるに当たって、従来から取り組んできた「教養科」を通じて、相手の心を動かすことができ、相手から敬意を受けることのできる振る舞いをより一層深く学ぶとともに、日本人が大切にしてきた伝統や文化、日本人の心をしっかりと受け継いでいける人材の育成に努めています。

一方で現在、タイ王国のケーマ・シリ・メモリアルスクール、ポーランドのナザレ校、インドネシアのタラカニタ第一高等学校と姉妹校提携を結び、生徒たちが相互の学校を訪ねる短期留学（生徒の家庭へのホームステイ）や、教員間の研究交流・教材の協同開発など、さまざまな交流を行っています。

提携校はいずれも親日国にあり、教育方針や校風が近いという共通点を持っています。生徒たちがこれらの国の人々に触れるなかで、歓迎してもらえるのはなぜか、温かいコミュニケーションを交わすことができるのはなぜか――の理由を、自分が生まれ育った国、そして祖先たちにみつけることにより、あらためて自国を理解し、誇りに思うことができると考えているからです。

また、お互いの生徒が、テーマを決めてパワーポイントを使ったプレゼンテーションを行い、話し合うことによって理解を深め、国を越えて解決すべき課題が数多くあることを知ります。このことから国際協調の大切さや平和の尊さを学びます。

グローバル社会にあって、語学力を磨くことはきわめて大切なことです。しかし、そこで求められる本質は、単に言葉が使えるというだけではなく、異なる価値観を持つ人とコミュニケーションをとる力や、チャレンジ精神・主体性といった幅広い能力です。学校教育を担う者は、生徒たちがこうした能力を身につけるうえで、最良の環境を整えることが何よりも大切ではないかと、私は考えています。

逆転する公・私に対する社会的評価

公立高校に対する社会的評価が相対的に低下するなかで、「私立高校よりも公立高校」という、それまで受験生やその保護者たちのあいだで広く共有されていた意識も薄れていきました。また、都心部で働く人々のベッドタウンとして発展した新興都市の住民たちは、地域の公立伝統校を特別の存在とは感じなかったでしょうし、私立高校に対しても偏見を持たないケースがほとんどでした。

こうした条件のもとで、多くの私学は社会的評価の向上に向けて積極的な取り組みを始めました。学校の評価を少しでも高めておくことは、二つのベビーブーム後の中学生の減少期を控えて経営上からも必要だったのです。その一つが、大学進学対策です。進学向けと思われるコースを置く私立高校は公立高校に比べてはるかに多く、「特進（特別進学）コース」「英語コース」「国際文化コース」「文理コース」などの名称のもと、大学の学部やレベルなどに応じた効率的なカリキュラムによる学習指導が目指されています。

戦前は一中など公立トップ校に後れをとっていた私学でしたが、戦後になって通学区が制限されて以降、私立の中学や高校は一貫してそのステータスを上げています。さらに1980年代半ば頃には、学区制等の導入による公立高校の格差是正の動きに伴い、首都圏と近畿圏を中心として、私立高校の地位の上昇は明確になっていきます。全国的な傾向として公立高校は、一部の「伝統校」と、多くの「中堅校」と「その他校」とに分かれていき、私立高校がその間に割り込むようなかたちになりました。新設の公立高校の多くは、学力的に課題のある生徒たちの受け皿となったのです。

私学躍進の象徴

戦後の私学躍進の象徴的な存在が、神戸市にある灘高校です。同校は1927（昭和2）年、大正時代に教育熱が高まるなか、灘の酒蔵家たちが出資して創立しました。講道館を開いた近代柔道の祖・嘉納治五郎氏が顧問に迎えられ、氏が柔道の精神として唱えた「精力善用」「自他共栄」が校是となりました。明文化された校則を有せず、風紀について大部分を生徒の良識に委ねるなど、自由な校風を特徴としています。

この灘高校が全国屈指の進学校として有名になったのは戦後のことで、学制改革の混乱を機に躍進した経緯があります。６・３・３制の導入により、私立の旧制中学は中学校と高校に分けられ、「中高一貫校」と呼ばれるようになります。一方、公立の旧制中学の多くは、新制高校に改組された結果、下２学年分の生徒は居場所を失います。そこで、多くの新制高校では、臨時の救済処置として期間限定の附属中学を設立し、彼らが新制高校に入学するまでの期間、収容しました。ところが、同時に学区制が敷かれたため、遠方から通う生徒は、せっかく受験して合格した公立進学校に入学できず、地元に新しくできた中学校に編入されてしまうケースが少なくありませんでした。

そのなかで灘高校は、神戸一中をはじめとする県下の公立進学校の生徒たちを無試験で迎え入れたのです。これにより、学制改革の影響を受けた学力の高い生徒たちを集めることに成功しました。もちろん、教師の熱意と指導力もあって、この生徒たちが高い大学進学実績を残し、同校は兵庫県下でもトップ校の地位に躍り出たのです。そして１９６８年、東大合格者数ランキングにおいて、初めて都立日比谷高校から首位の座を奪うことになります。

同校は進学だけでなく、建学の精神の具現化にも力を注いでいます。その象徴が学校の中央に設けられた立派な武道場です。同校の校是が「精力善用」「自他共栄」となったのは、講道館の方針をそのまま学校の方針としたためであり、武道を通じて常識豊かな青少年を薫陶しようという人間教育が貫かれています。

灘高校をはじめとする私立中高一貫校には、いまなお旧制中学の薫りが残っており、学校文化として受け継がれています。作家の三浦朱門さんは、旧制高校を「大日本帝国の贅沢品」と言い表しましたが、灘高校にもそうした自由と自治を謳歌する雰囲気が息づいているように私には思えます。こうした時間をかけて醸成された伝統の上に、外的要因が重なったことで、灘高校のように大躍進が起こったわけです。

3　近年にみる公立校と私学

❶……近年における教育行政の変遷

高度成長を支えた教育の画一性

高校教育への進学率は、戦後一貫して教育行政側の予想をはるかに上回るテンポで高まっていきました。文部省（現・文部科学省）は、普及に伴って次々と生じる新しい事態にどう対応するかという課題に追われ続けました。

１９６０年代の学習指導要領の画一性は、未分化・多能型の人材を大量に送り出したという点で、高度経済成長という国家目標にも沿うものだったと言えます。企業は白紙の労働力を自らの方針に合わせて養成していけばよかったからです。しかし高校進学率の急上昇は、画一的な学習指導を著しく困難なものにし、普通科高校の生徒たちのすべてに、高度な普通教育を徹底しようとすることも難しさを増していきます。そのため学習指導要領は、１９７７（昭和52）年度と１９８９（平成元）年度の２回にわたって、「弾力化」をテーマとして大幅に改訂されました。

文部省が指導要領の思い切った変更を行っても、大学入試で要求される教科・科目に変更がない限り、進学校の教育課程は変化しませんでした。進学者の少ない高校でも、進学校に準じた教育課程を組むのが〝無難〟でもあったため、全体的にも変化は少なかったのです。大部分の公立高校が５教科型の普通科カリキュラムを組んでいたのに対し、１９８０年代に進学校化した私立高校のなかには入学段階から私大型の３教科カリキュラムを基本として、目標とする大学の入試科目や入試問題に対応したきめ細かな指導を特色にする学校が増えていきました。

高校の公私逆転が論じられる際に、東京大学合格者の出身校リストが引き合いに出され、そこでは近年、中高一貫私学が上位を占めています。しかし、これはほんの一部の話であり、多くの私立高校がとくに有力私大へ進学者を大量に送るようになったことのほうが、私立の評価向上に大きく貢献していると言えるでしょう。私立高校は私大受験に対応した進学対策をいち早く打ち出し、大都市圏の新興中間層の高学歴志向に対応してそのニーズを確実につかんだのです。

もちろん、進学実績だけが私学の評価を高めたわけではありません。就職を希望する生徒には、社会に出た時に即戦力となり得るスキルを身につけることや、「建学の精神」に基づいた人間教育の成果によるところも見逃すことはできません。

「平準化」から「個性重視」へ

１９８４（昭和59）年、中曾根内閣は首相直属の委員会として臨時教育審議会（以下、「臨教審」）を設置して教育改革に取り組む姿勢をみせました。最終答申には、最大のキーワードとなった「個性重視の原則」を表題とした項目があります。そのなかで、教育改革に極めて重要なものとして、「国民の教育に対する要求の高度化、多様化に柔軟に対応し、これまでの教育の画一性、閉鎖性の弊害を打破する上で、『選択の機会の拡大』を図ること」を挙げました。そのためには、「教育行政や制度もまた柔軟でなければならず、関連する諸制度の緩和が必要である」と指摘しています。

臨教審は高校教育について扱うことが少なかったですが、１９８９（平成元）年に再開された第14期中央教育審議会[※4]で高校教育が取り上げられました。１９９１年に出されたその答申では、臨教審以後の教育の市場主義に沿った改革提言がされています。一つの柱が総合学科の新設をはじめとする高校教育のいっそうの多様化であり、

※4　１９５２（昭和27）年に設置された文部大臣の諮問機関。文部大臣の諮問に応じて、教育・学術・文化に関する重要施策について調査審議。１９８４（昭和59）年、内閣直属の臨時教育審議会発足以降、存在意義を失う。

もう一つが入学者選抜方法の改善でした。

文部省が「ゆとり教育」を見据えた方針を初めて打ち出したのは1977年度の学習指導要領で、「ゆとりと充実」が謳われました。その背景には、当時、「現代化カリキュラム」といわれる学習指導要領（1973年度実施）が科学技術の発展に対応した高度な教育を目標にした結果、ついていけない生徒が大量に出たほか、過熱する受験戦争への批判もありました。そこで文部省は、学習指導要領に盛り込む内容を一部削減し、「ゆとりある充実した学校生活」へ舵を切ったのです。そこには、知育偏重主義に対する反省もありました。

さらに1992年度実施（高等学校は1994年度実施）の学習指導要領では、子どもの知識より意欲や関心を重視する「新学力観」が打ち出されました。1992年度から段階的に学校週5日制が導入され、1996年度には、中央教育審議会が自ら課題をみつけて解決する力＝「生きる力」を育む「ゆとり教育」を答申します。

この「ゆとり教育」の総仕上げが、1999年度改訂・2002年度実施の学習指導要領です。「ゆとり」をもって「生きる力」の教育を目指すというスローガンのもと、学校週5日制に見合った学習内容の大幅削減、そして改革の目玉といわれた「総合的な学習の時間」が導入されました。

しかし、学習内容の3割削減、授業時間の15％削減といった指導要領の内容が明らかになると、大きな批判にさらされることになります。台形の面積を求める公式が教科書から消え、円周率が3・14ではなく3に簡略化される——といった報道がなされ、折から「分数ができない大学生」が問題視されていたこともあって、保護者や教育関係者のあいだに、「さらに学力低下が加速するのではないか」という不安が募っていきました。公立校と私立校のあいだで、授業時間やカリキュラムに格差が生じ、〝自衛策〟として、都市部を中心に子どもに私立中学を受験させる親も増えました。家庭の経済格差が教育の機会均等を揺るがしかねないという事態が生じることになったのです。

現在の文部科学省の政策は、他の分野と同じく、「規制緩和」と「選択」および「自己責任」などをキーワードにした自由化が基本になっています。高校の序列を示す偏差値を強権的に追放し、多様な高校から自分の適性や能力に応じて自由に選択してもらい、その結果は各自で責任を負ってもらおうと言うわけです。

❷……画一化・硬直化からの脱却を図る公立校

各府県における教育委員会の具体的な施策を調べると、「公立高校の活性化」というスローガンを掲げるケースが多くみられます。その内容は、ほとんど例外なく大学進学実績の向上と言えます。都市部でも地方でも、以前は公立普通高校が進学校であって優秀な生徒を集め、私立高校は公立高校に入れなかった生徒たちを受け入れる学校であるという認識が一般的でした。しかしそれが最近になって、一部の私立高校が大学進学実績を伸ばし公立と肩を並べたり、さらには優位に立ったりするようになっているのです。

こうした事態に戸惑いを感じるなか、「公立高校の活性化」のスローガンのもと、地方の改革はピラミッドの頂点を公立側に取り戻そうという動きが高まっています。東京都では１９９４（平成６）年、「名門進学校」の復活を目指して単独選抜制度に移行、２０００年度入試から通学区制限の大幅な緩和を実施しました。日比谷高校は、西・戸山・八王子東高校とともに「進学指導重点校」となりました。また、レベルの高い独自問題での入試が行われ、２００３年には学区制が廃止されました。その結果、東京大学合格者数も年に数人程度と低迷していたのが、２００６年には12人、翌２００７年には28人と増加してきています。

この間、１９９９年度からは公立の中高一貫校も認められました。これは、子どもたちや保護者などの選択の幅を広げ、学校制度の複線化構造を進める観点から導入されたものです。中高一貫教育制度に基づく中高一貫教育校は、国公私立を合わせると、２０１２年４月現在で４４１校が設置されており、今後さらに多くの学校が設置されるものと考えられます。

中学校と高等学校の6年間の学校生活の中で計画的・継続的な教育課程を展開することで、生徒の個性や創造性を伸ばすことを目的としています。そのため、中高の接続を前提とした特色あるカリキュラムを編成することができるよう、学習指導要領の範囲を越えた指導ができるような特例が設けられています。エリート校づくりではないかという批判に配慮して入学試験を行っているところはありませんが、公立中高一貫校への期待は大きく、定員以上の志願者が集まるため、「適性検査」という名の事実上の学力試験が行われているケースが多いようです。

中高一貫校というと、中学と高校を無理やり接続した学校のように聞こえますが、実は、もともと一つだった中等教育のための旧制中学を真ん中で分断してしまったものが現在の中学と高校です。戦後、私学はそのまま中高一貫校としたのに対し、公立校は分断を余儀なくされました。

その結果、何が起こったかと言えば、中等教育という生徒にとって多感な時期（6年間）に対応した、人格形成に大きな影響を与える教育のノウハウは、戦前から旧制中学として存在し、戦後は中高一貫校と呼ばれるようになった私学にのみ受け継がれたのです。公立による中高一貫校に対する是非については、第5章で詳しく述べますが、教育というのは一朝一夕に成り立つものではなく、長い歴史と伝統のなかで醸成されるなかで深化・発展を遂げるものです。制度だけを真似て導入してみても、「仏作って魂入れず」になりかねないのではないでしょうか。

❸……私学の挑戦――全国の先進的私学の取り組み

一方、私学にとっても、学校経営を取り巻く環境が大きく変化するなかで、その礎である建学の精神を単に守るだけでは、立ち行かなくなりつつあります。時代の変化を常に見据えつつ、あるべき社会の創造に向けて、私学だからこそできるオリジナリティの高い教育を摸索し、実践していく姿勢が依然にも増して求められているように思われます。建学の精神に基づく〝不易の部分〟を基礎として、それを深化・発展させていく〝流行の部分〟が、まさに問われようとしているのではないでしょうか。

そして、実際に多くの私学は、建学の精神のもと、時代のさまざまな要請にきめ細かく対応し、社会において実践的な立場で貢献し得る人材の育成に努めています。

以下では、全国の先進的な私立中学・高等学校12校を対象に実施した記名式アンケート調査（調査時期：２０１５年12月）の結果をもとに、建学の精神の深化・発展に取り組んでいる姿をまとめています。

富士見丘中学・高等学校	
創　立	1944（昭和19）年3月創立
創立者	青田滝蔵
所在地	東京都渋谷区笹塚
	女子校
1 建学の精神	孔子の教え「忠（まごころ）恕（思いやり）」をもとに、「国際性豊かな若き淑女の育成」を教育理念としている。
2 育てたい人間像	孔子の教えに「忠恕」の精神がある。「忠」はまごころ、「恕」は思いやりを意味し、国際社会における異文化理解には不可欠な要素と捉えている。国際理解教育を実践している我が校では、この「忠恕」を建学理念とし、グローバル社会において自分の考えをきちんと相手に伝えることのできる女性を育てていきたいと考えている。
3 建学の精神を具現化するための特長的な取り組み	前述の建学の精神を、「グローバルイシュー（地球規模の課題）を理解し、その解決に向けて世界の人々と共に活動するなかで、リーダーシップを発揮できる人材の育成」という具体的な目標に置き換え、グローバルリーダーを育成している。 具体的には、①サステイナビリティ（持続可能性）をはじめとするグローバルイシューを理解し、その解決に向けた高大連携プログラムの開発、②生徒の主体的な学びを実現し、他者と協働して課題を解決する力を養う21世紀型の授業（アクティブラーニング）の実践、③海外の人と英語で意見交換することに対する意欲と、コミュニケーション力を育てるグローバルスタディプログラムの推進――の3つを柱に教育を行っている。
4 建学の精神を深化・発展させた取り組み	2015（平成27）年度、文部科学省よりSGH（スーパーグローバルハイスクール）の指定を受け、いままで実践してきたグローバル教育をさらに進めている。本校のSGHプログラムの特長は、入学した全生徒がこの教育を受けていることである。 高1に「サステイナビリティ基礎講座」を設定し、「高大連携プログラム」「教科横断型授業」「釜石フィールドワーク」などを通じて、理解力・判断力・表現力を磨いている。さらに高2において選択科目として「サステイナビリティ演習」を受講した生徒には、「海外フィールドワーク」を経験させ、世界に通用するグローバルリーダーを育てている。

八雲学園中学・高等学校	
創　立	1938（昭和13）年2月創立
創立者	近藤敏男
所在地	東京都目黒区八雲
	女子校
1 建学の精神	「生命主義」「健康主義」 どんなに時代が変わっても、女性は女性としての意味を持っている。それは、自分の生命を大切にするとともに、他の生命を育てることでもある。自他の生命の尊さを知り、それを伸ばして育てる女性の育成が本校の「生命主義」であり、さらに生命を健やかに力強く育て、心身のバランスのとれた人材の育成を図る「健康主義」である。
2 育てたい人間像	女性としてのマナーや礼節を学び、本物を体験することにより、国際社会に貢献できる女性の育成を目指す。 また、英語を実践的に行事等に盛り込んで用い、世界の人々とコミュニケーションを図れるような人材育成を目指して、話せる英語教育を行っている。
3 建学の精神を具現化するための特長的な取り組み	開校以来、毎日の朝礼で「3つの言葉」を唱和している。その目的は、自他の生命の尊さを知り、それを育てるという教育理念のもと、生徒たちが毎日の生活のなかで具体的に実践していくためである。 【3つの言葉】 「心に喜びを持ちましょう」 「強い身体になりましょう」 「立派な生活を致しましょう」
4 建学の精神を深化・発展させた取り組み	学校行事をとおして、実体験を豊富にして感性を養い、優れた洞察力を育むとともに、国際社会に貢献できる人材の育成を目指している。 【主な学校行事】 ・合唱コンクール（ゆうぽうと大ホール）、体育祭（駒沢体育館）、球技大会（東京体育館） ・文化祭、英語祭、百人一首大会、スピーチコンテスト、レシテーションコンテスト、イングリッシュファンフェア、英語劇および英語朗読劇（すべて本校校舎内で実施） ・月1回の芸術鑑賞：劇団四季、宝塚歌劇団、ミュージカル、博物館、美術館、工場見学など ・進学ガイダンス ・1泊遠足（中1～高2）：伊勢志摩、大阪・神戸、ブリティッシュヒルズ、奈良・京都、東京ディズニーランド、博物館など ・修学旅行：中学3年次 米国（2週間）、高校2年次 九州（1週間） ・希望制行事：進学合宿（5泊6日、春・夏）、米国海外研修（3週間）、米国3カ月語学研修

横浜翠陵中学・高等学校	
創　立	1940（昭和15）年創立
創立者	堀井章一
所在地	横浜市緑区三保町
	共学校（女子校として開校。2011年より共学化）
1 建学の精神	堀井学園の建学の精神： 「考えて行動のできる人」の育成 本校の校訓： 「考えることのできる人」
2 育てたい人間像	「Think & Challenge !」をモットーとし、自主性に富んだ誠実で実行力のある人間。 明日の世界をより良い世界にするために、考えて行動のできる人。
3 建学の精神を具現化するための特長的な取り組み	・D・U・T（Desire：興味喚起、Understand：理解、Training：訓練）理論に基づく学習指導とFollow Up体制 ・中学・高校の新入生全員に校長の個別面談 ・毎週月曜日の屋外全校集会での校長講話 ・中学3年生全員、一人一家庭での海外ホームステイ研修 ・高校2年生全員、北海道での3泊4日のファームステイ　など
4 建学の精神を深化・発展させた取り組み	翠陵グローバルプロジェクト（2016年度より実施予定） 中学3年間をかけてグローバルな現代社会の課題を設定し、その課題をさまざまな角度から調査研究する。中学3年次にICT機器等を活用して、その成果を日本語と英語でプレゼンテーションさせる。

聖光学院中学・高等学校	
創　立	1958（昭和33）年1月創立
創立者	フランシス・ザヴィエル・ポアトラ
所在地	神奈川県横浜市中区滝之上
	男子校
1 建学の精神	カトリック的世界観にのっとり、人類普遍の価値を尊重する人格の形成、あわせて、高尚、かつ、有能なる社会の成員を育成する。
2 育てたい人間像	本校は、キリストの示された模範と教訓によるキリスト教的精神を基本理念としており、次の3点を子弟に対して教育する。 ①精神的価値の物質的価値に対する優位性を尊重できること ②信条・人種・才能ないし社会的地位に関わりなく万人を愛し敬うこと ③奉仕と献身の精神を持っていること
3 建学の精神を具現化するための特長的な取り組み	・「道徳」に代えて「宗教」の授業を行っている。 ・中学1年生全員が放課後に週1回（約1時間）、聖書研究会に所属し、聖書を学んでいる（中学2年生以降は希望者） ・ミサ・聖句放送朝礼などの宗教行事を行う。
4 建学の精神を深化・発展させた取り組み	・学内にボランティア組織をつくり、生徒の参加する機会をより多くした。 ・積極的に学び、高尚な人格の形成に役立つように、自己啓発型の講座制による学びの場を創設。選択芸術講座の実施。

千葉英和高等学校	
創　立	1946（昭和21）年4月創立
創立者	中田羽後、大羽弘道
所在地	千葉県八千代市村上
	共学校
1 建学の精神	聖書に依るキリスト教の精神に基づき、神を愛し人を愛し土を愛す豊かな人格を陶冶することにより、自らの存在価値を見出し、真に平和な世界の形成者として愛と奉仕に生きる有為な人物を育成する。
2 育てたい人間像	互いの強みと弱みを認め合い、支え合う共同体の一員
3 建学の精神を具現化するための特長的な取り組み	自己の強みを得るためにも集団での活動が大事であり、さまざまな活動を通じて他者からの感謝・感嘆の声が自己の強みに気づく端緒となる。ゆえに、HR や学校行事などが重要視される。全学年での英語スキットコンテストもその一例である。 また、自己の伸長のためには、限界領域で活動し続けることが大事であるので、ギリギリでの挑戦＝多くの失敗を恐れて取り組まない生徒の懸念する最大の障害であるクラスメートとの関係において、強みと弱みを認め合い支え合うお互い様の精神に気づかせるために、HR 経営に Project Adventure のプログラムを組み込んでいる。
4 建学の精神を深化・発展させた取り組み	2009（平成21）年、戦後すぐに創立された本校の建学の精神を見直している。その理由は、「国際社会に有為な」などの国家再建の狙いが現代社会においては少々限定的なのではないか、本学のミッションスクールとしての有り様から考えると、この世界そのものを想定すべきなのでは、という考えのもとに、現行の建学の精神に進化・発展させている。

水戸女子高等学校	
創　立	1931（昭和6）年4月創立
創立者	鈴木米蔵
所在地	茨城県水戸市上水戸
	女子校
1 建学の精神	「社会に貢献する女性の育成」 本校は1931（昭和6）年、茨城県で初めての女子に商業を学ばせる学校として創立した。時の県知事・牛島省三から、「封建的色彩の濃い水戸の地で、女子商業学校を建てても、入ってくる者はいない」と、当時としてはきわめて常識的な助言をいただいたが、創立者・鈴木米蔵は、「そのような土地柄こそ一日も早く創立して、女子の商業面、経済面における進出を図らねば、水戸という地はますます近代的社会から脱落してしまう」という初志貫徹の決意をさらに強固なものとした。商業学校でありながら「茨城女学校」となったのは、認可はしたものの、現実的には時期尚早とし、なお危ぶむ県の強い指導によるものである。
2 育てたい人間像	社会に貢献する女性を通して、幸福になって欲しいという願いを持っている。生徒たちが生き抜いていく21世紀後半を展望し、「社会」「貢献」「女性」「幸福」のキーワードを求められる人間像に落とし込んでいくことが大切だと考えている。
3 建学の精神を具現化するための特長的な取り組み	「社会に貢献する女性の育成」を具現化する4つの力を生徒たちに啓発している。生徒に浸透させるためにはできるだけ平易な言葉を用い、かつ繰り返し指導することが肝要である。①自己コントロール力、②コミュニケーション力、③行動力、④気配り力――の4つの力について、3年間で100回を超える校長の話のなかに必ず織り込んでいくなかで、初めて卒業後には意識が高まっていくはずだと考えている。 そのほか、教職員一丸となった日々の活動、地道な取り組みの積み重ねが、建学の精神を具現化する唯一の道であると考えている。 （1）部活動で建学の精神を具現化する ・吹奏楽部：依頼演奏は年間10数回を数え、部員たちに「社会貢献」を意識させる。 ・インターアクト部：高齢者施設の介護ボランティア、障害児施設での保育ボランティア、偕楽園等での地域ボランティアを20数年続けることにより、部員に建学の精神を自然に浸透させる。

	・雅楽部：各種地域イベントに出演し、舞の奉納を行う。 ・運動部：五つの運動部中、関東大会には4部、インターハイへは3部出場を果たしているが、一方で、障がい者スポーツ大会への補助員依頼はすべて参加させ、意識を高める。 (2) 高齢者へのパソコン教室を開催し、学校としての社会貢献を果たす ・夏休みに水戸市教育委員会の依頼を受け、高齢者向けのパソコン教室を本校で開催し、商業科の生徒たちが高齢者に直接アドバイスすることにより、意識を高めていく。 (3) 職場実習を通して社会貢献を意識させる ・1986（昭和61）年に、茨城県では初めて職場実習を開始する。現在、40を超える事業所の協力をいただき、2年生全員が実習している。実習先には卒業生も多数おり、貢献している先輩の姿に直接触れることにより、意識を高めていく。 (4) 外来者への挨拶の徹底を通して社会人としての基礎を築く ・他者を意識させるものとして、生徒全員に対し、日々の外来者へ立ち止まって心を込めて挨拶を行うことを徹底指導している。コミュニケーション力・気配り力を実践させる貴重な機会であると考えている。 (5) 全国高等学校野球選手権大会茨城大会開会式および茨城県高等学校総合体育大会総合開会式における補助員活動 ・上記大会において本校生を補助員として活動させている。高野連関係は毎年プラカード補助員をはじめ、130名の生徒を参加させ、また高体連関係は吹奏楽部80名で音楽を担当している。生徒にとっては、4つの力実践の絶好の機会となっている。
4 建学の精神を深化・発展させた取り組み	(1) 社会貢献事業 ・中学校への進路関係のセミナー・出張授業の実施 ・吹奏楽部の出張無料コンサート (2) 総合的な学習の時間「建学精神」 ・各学年で実施している道徳の授業を、2015（平成27）年度より総合的な学習の時間「建学精神」と改編し、建学の精神に特化したものとした。 ・3年は校長が担当し、総仕上げを目指している。 (3) 校舎・体育館を水戸市の民間避難施設とする ・太陽光・蓄電池システム・井戸等を備えた校舎を「社会貢献」の一環として、水戸市の民間避難施設として提供。

智辯学園和歌山中学・高等学校	
創　立	1978（昭和53）年4月創立
創立者	大森智辯
所在地	和歌山県和歌山市冬野
	共学校
1 建学の精神	真心のある明るく元気な子に育ってほしいというすべての親の願い、その親の願いを叶える教育が凝集するところに、本学園の建学の精神がある。
2 育てたい人間像	・誠実明朗で知性ある行動のできる人間の育成 ・不屈の精神をもって使命のために努力し、充実した生活のできる人間の育成 ・自己を確立しつつ、社会性豊かな人間の育成 ・この世に生を受けた幸福を知る人間の育成
3 建学の精神を具現化するための特長的な取り組み	(1) 知力の徹底的訓練を期す（1校時70分、年間授業日数を可能な限り確保、補習の強化） (2) 宗教的情操による情感を育む教育の実践 (3) 国際人を育てる教育（韓国修学旅行、米国・オーストラリア短期留学） (4) 三位一体（生徒・教員・保護者）の教育（地区懇談会等）
4 建学の精神を深化・発展させた取り組み	高校野球全校応援（県大会1回戦から） ※学校の一体感・団結力の進化・発展と三位一体力の強化

近江兄弟社中学・高等学校	
創　立	1947（昭和22）年4月創立（高校は1948年4月）
創立者	一柳満喜子
所在地	滋賀県近江八幡市市井町
	共学校
1 建学の精神	「イエス・キリストを模範とする人間教育」 ※聖書を教材に「いのちを大切にする教育」を展開
2 育てたい人間像	本学の学園訓「地の塩・世の光」に沿って、仲間や社会のために、志を持って働ける人間
3 建学の精神を具現化するための特長的な取り組み	「国際人教育」の重視 アジア各国に分散して行う「海外研修旅行」 世界に広がる姉妹校との交換留学制度
4 建学の精神を深化・発展させた取り組み	宗教教育 ※教会と学校は違うとの立場で、真摯な多くの宗教と連携し、「いのちを大切にする教育」として展開

如水館中学・高等学校	
創　立	1940（昭和15）年5月創立（前身：三原工業高等学校）
創立者	山中幸吉
所在地	広島県三原市中之町
	共学校（創立時は男子校。1994年に共学化）
1 建学の精神	水の如くなくてならない人になれ
2 育てたい人間像	いかなる人間も必ず有する社会に貢献し得る「力」を見出し、発揮することにより、建学の精神を具現する人間
3 建学の精神を具現化するための特長的な取り組み	多様な専攻、カリキュラム、学校行事
4 建学の精神を深化・発展させた取り組み	グローバル化への対応を目指した留学制度、バンコク校の開校

筑陽学園中学・高等学校	
創　立	1923（大正12）年6月創立
創立者	新田ミツ
所在地	福岡県太宰府市朱雀
	共学校（創立時は女子校。1965年に共学化）
1 建学の精神	「人を愛し、ひとに愛される人間」の育成
2 育てたい人間像	努力する習慣とマナーを身につけ、周りの人々から信頼され、真に人から愛される人間を育てたい。
3 建学の精神を具現化するための特長的な取り組み	校歌のなかに「真・善・美」を謳い、情操教育を基本に据え、躾指導（服装、挨拶、来校者への対応など）に力を入れている。また、学習面においては、「個性尊重」「自主選択」「自己責任」の教育方針を反映させた本校独自の講座制授業を展開している。 これは、正規の授業のなかで行う必修選択講座、放課後に行う自主選択講座、専門家を講師に迎えて行う自主選択特別講座および休日の土曜日に行う土曜講座からなっている。この講座を通して、生徒たちは自分の進路や習熟度を考えながら自らが選択して講座を受講している。クラスの枠を越えた友人たちとも触れ合い、そして切磋琢磨しながらお互いを認め、相手を尊重する態度が育っている。
4 建学の精神を深化・発展させた取り組み	学校創設以来、いかなる変動の時代にあっても常に普遍性を求め、既成概念にとらわれることなく、建学の精神に沿って、柔軟に教育を実践している。常に本校教育として変わってはいけないものと、変わらなければならないものを摸索し、創立80周年を迎えた折、「自ら学び、失敗から学び、自然の本質から学ぶ」という教育理念を新たに掲げ、教育を行っている。 現在は、創立90周年を終え、100周年を見据えた学校改革に動き始めたところである。

灘中学・高等学校	
創　立	1927（昭和2）年10月創立
創立者	嘉納治兵衛、嘉納治郎右衛門、山邑太左衛門
所在地	神戸市東灘区魚崎北町
	男子校
1 建学の精神	精力善用・自他共栄 ※自らが持てる力を最大限に活用し、周りの人々のお蔭を知り、協力して幸福な社会を作る。
2 育てたい人間像	・自他共栄の精神に徹した健全な社会人 ・自主性と強固な信念を持つ人物 ・豊かな趣味と高尚優雅な品性を備えた人物
3 建学の精神を具現化するための特長的な取り組み	・生徒の自主性を重んじつつ自律心を育む ・中高6年間を同じ担任団（各教科の教員が集って構成）で、学習面も生活面も持ち上がる
4 建学の精神を深化・発展させた取り組み	OBを中心とする外部講師による土曜講座

神戸常盤女子高等学校	
創　立	1908（明治41）年4月創立
創立者	玉田貞也
所在地	神戸市長田区池田上町
	女子校
1 建学の精神	設立趣意書に「庶民の子女に必須なる知識、技能を授け、質実健実なる社会人を養成する」とある。この趣旨に沿った「実学教育」と「人間愛の教育」が本校の原点である。
2 育てたい人間像	一人ひとりの個性を大切にしながら、温かい家庭的な教育を行うなかで、具体的には3つの努力目標を掲げ、常識をわきまえた健全な社会人を育てたいと考えている。 【3つの努力目標】 ・欠席・遅刻をしない ・端整な容姿を保つ ・気持ちよく挨拶をする

3 建学の精神を具現化するための特長的な取り組み	(1) 家庭科 ・社会や家庭で役立つ専門的な技能を修得させるために、実習科目を豊富に設定しており、実習室も充実している。(調理実習室3、被服実習室1) ・計画的に手際よく、仲間と協力し合って、美しく、美味に仕上げることで、達成感を味わう経験が多くなり、自信を持たせることができる。 (2) 普通科特進コース ・命を支える専門職(看護師、臨床検査技師、幼小教諭、保育士)を目指す生徒に対し、必要不可欠な適性を磨くために、本校独自の設定科目や体験学習の機会を多く用意している。 (3) 奨学金制度 ・庶民の教育を目的として設立された本校ゆえ、保護者の経済的負担を軽減し、教育の機会を保証するため、また学力優秀者支援のため、各種奨学金制度を設けている。(常盤就学支援制度、常盤奨学金制度、姉妹奨学金制度 等)
4 建学の精神を深化・発展させた取り組み	(1) 家庭科 ・県下私学で唯一の科として、建学の精神を受け継ぎ、実習(割烹、被服)に力を入れてきた歴史と伝統がある。それゆえに、家庭科を存続させることが本校の最も顕著な特色となるが、時代の変化に合わせて、専門性を高め、維持するために、製菓、調理、栄養等の専門学校から毎年講師を招き、実習を行っている。 ・基礎的な知識と技術を身につけるため、食物調理検定(2、3、4級)を取得させている。 (2) 普通科キャリアコース:「トキワアクト」 ・本校独自の設定科目である。農業体験とボランティア活動を中心に据えている。これらを通して地域社会に参加することで、さまざまな大人に接し、職業観や勤労観を育てることを狙いとして始まった。 ・社会的に価値のある活動を行うことで、自分の有用性を実感し、自己肯定感を高めることが期待できる。 (3) 普通科特進コース ・「生きる技術を身につける」というのが本校の教育目標の1つであるが、このコースもそれを具現化するために、神戸常盤大学や関連施設(ときわ幼稚園、子育て支援センター「えん」、ときわ病院)と連携し、見学や体験学習の機会を多く持たせている。 ・「看護医療進学者の集い」を毎年開催している。その目的は、以下の二つである。 ①国家試験合格者を祝う ②医療現場で働く卒業生の生の声を聞き、専門職への意欲を鼓舞する。

第4章

日本社会の将来像——2050年を見据えて

1　変化の波に呑み込まれる日本社会

❶……二つの人口問題

少子化の世界トップランナー

　天然資源等に恵まれない日本では、人的資源こそが最大の資産と位置づけられ、教育に力を注いできた歴史があります。これまでみてきたように、江戸時代において培われた教育による土台のもと、明治とともに近代的な学校教育が本格化したことにより、富国強兵・殖産興業が実現されていきました。また、戦後においても、小学校から中学校までの9年間にわたる義務教育がすべての国民に平等に行き渡り、さらに高校就学率の驚異的な上昇、大学進学率の向上などを背景として、世界に例をみない高度経済成長を遂げることができました。

　近代以降、日本が世界の先進諸国に伍して発展し、米国に次ぐ第2位の経済大国にまで上り詰めることができたのは、まさに人材という宝があったからだと言っても過言ではないでしょう。ところが、これまで日本の発展を牽引してきた人的資源に、いままさに赤信号が点ろうとしています。

　人口を維持するために必要な合計特殊出生率（一人の女性が一生のあいだに産む子

どもの数）は２・08と言われていますが、１９８９（平成元）年に丙午（１９６６年）を下回る「１・57ショック」、さらに２００５年には「１・26」にまで落ち込んだことは記憶に新しいでしょう（図表６参照）。その後、政府がさまざまな少子化対策を講じてはいますが、２０１４年現在１・42にとどまっているのが現状です。

先進諸国と比較しても、２・０に近いフランスを大きく下回り、ドイツやイタリアと同じような水準にあります（図表７参照）。これらの国はＥＵという経済圏にあって国民同士の流動性が高く、また移民の数も少なくないのに対し、きわめて流動性の低い日本では、その影響は大きいものと言えるのです。

有史以来の人口減少時代

人口問題を大きく二つに分けてみると、一つは人口総量の減少およびそのペースの加速であり、もう一つは人口の年齢構成（＝人口構造）の変化という側面があります。

日本の人口は、２００６（平成18）年に１億２、７７４万人でピークに達した後、死亡数が出生数を上回り、人口減少へと大きく転換しました。これは少子化を理由に、単に相対的に高齢者の比率が増えるという段階を過ぎて、少子化によって人口が減る段階に入ったことを示しています。

図表 6　出生数と合計特殊出生率[※1]推移

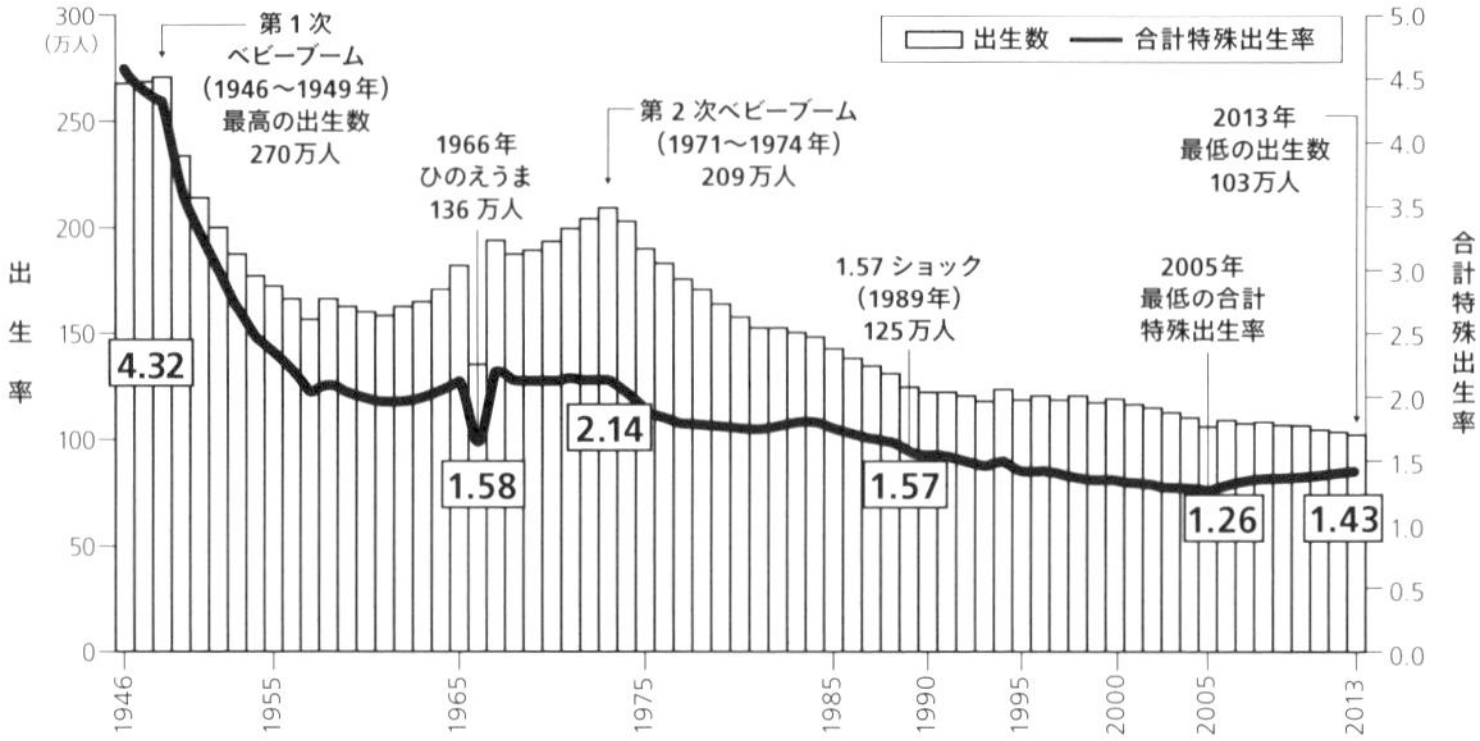

注：合計特殊出生率は女性の年齢別出生率を合計した値であり、女性が一生に産む子どもの数と捉えられる。
出典：厚生労働省「人口動態統計」

図表7　合計特殊出生率[※1]の推移（諸外国との比較）

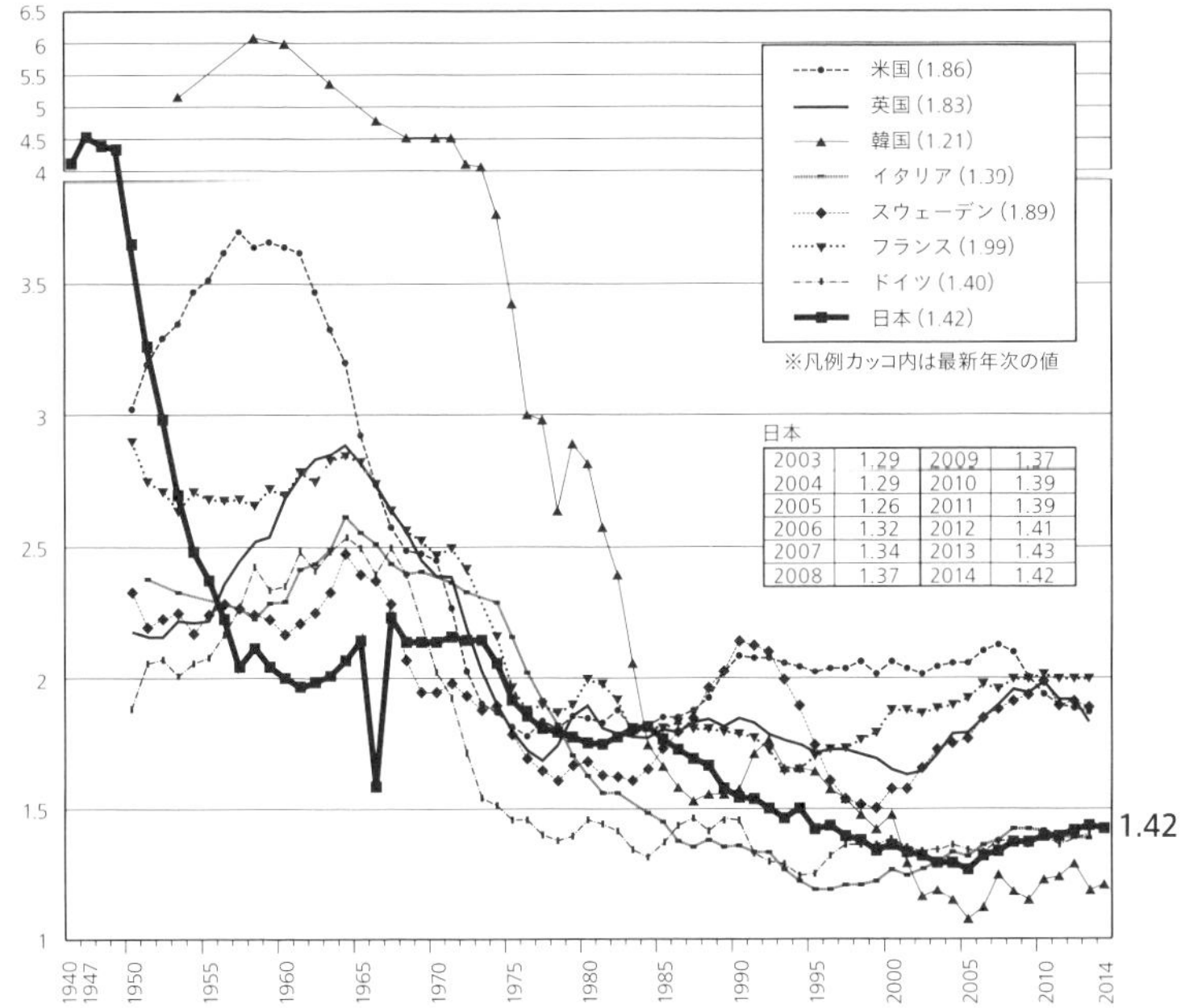

日本			
2003	1.29	2009	1.37
2004	1.29	2010	1.39
2005	1.26	2011	1.39
2006	1.32	2012	1.41
2007	1.34	2013	1.43
2008	1.37	2014	1.42

凡例：米国(1.86)、英国(1.83)、韓国(1.21)、イタリア(1.39)、スウェーデン(1.89)、フランス(1.99)、ドイツ(1.40)、日本(1.42)

※凡例カッコ内は最新年次の値

注：合計特殊出生率は女性の年齢別出生率を合計した値であり、女性が一生に産む子どもの数と捉えられる。
出典：厚生労働省「平成13年度人口動態統計特殊報告」「人口動態統計」（日本全年・最新年概数、その他諸国の最新年）、国立社会保障・人口問題研究所「人口統計資料集 2015」

図表 8　日本の人口推移（～ 2060 年）

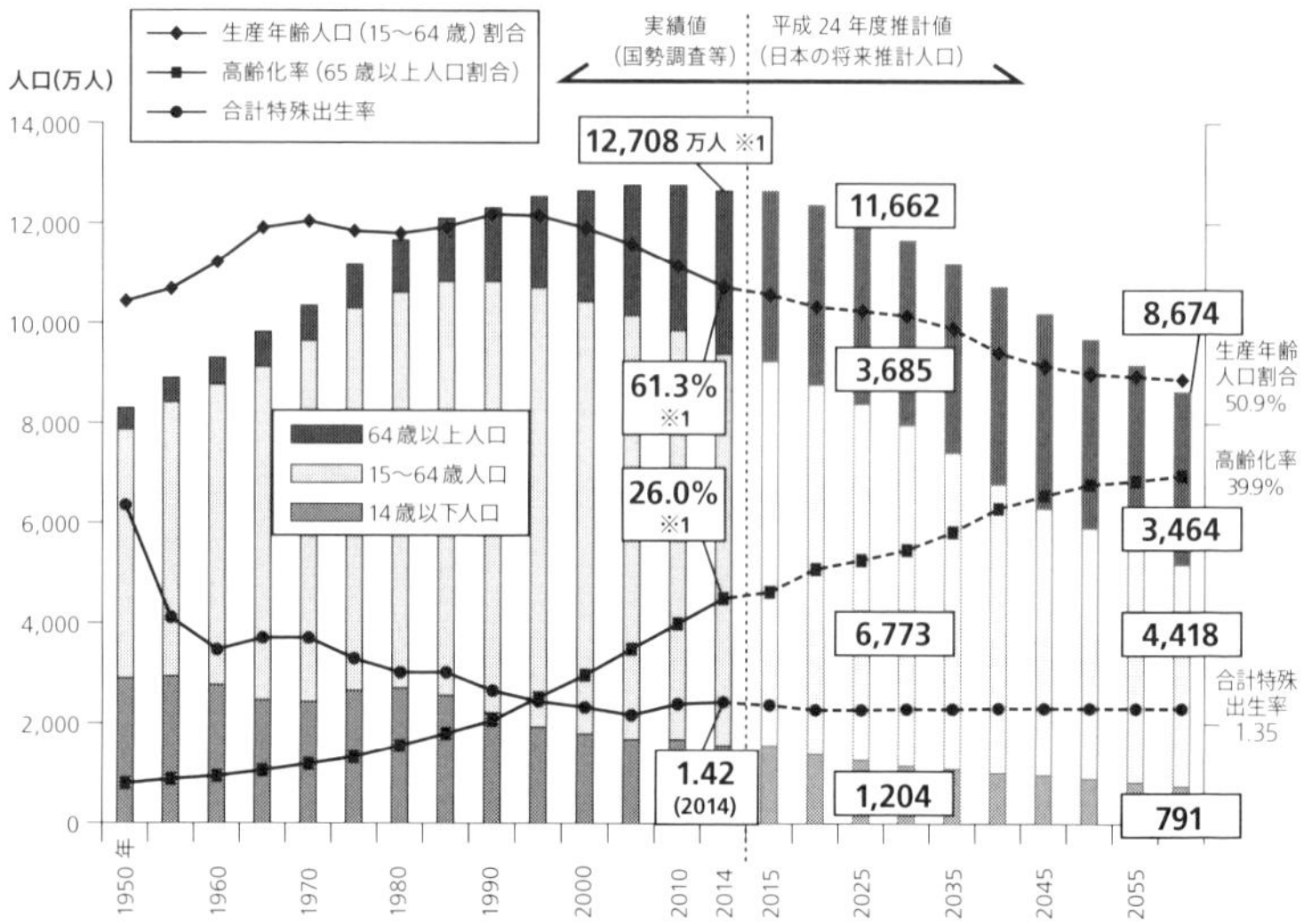

注：※1 の出典は、平成 26 年度総務省「人口推計」（平成 22 年国勢調査においては、人口 12,806 万人、生産年齢人口割合 63.8%、高齢化率 23.0%）

出典：総務省「国勢調査」及び「人口統計」、国立社会保障・人口問題研究所「日本の将来推計人口（平成 24 年 1 月推計）：出生中位・死亡中位推計」（各年 10 月 1 日現在人口）、厚生労働省「人口動態推計」

日本の人口はこれまでどんな時代にあっても、有史以来ほぼ一貫して増え続けてきました。人口総量の減少は、過去のどの時代にも当てはまらない初めての経験となります。「将来推計人口」の中位推計（図表８参照）によると、将来の人口は２０２５年に１億２、１１４万人、２０５０年にはおよそ９、７００万人になると予測されています。２００６年から緩やかにスタートした人口減少は、当初は年間数万人、その後、年間数十万人となっており、やがて年間１００万人を超える状態が数十年続きます。

明治以降１００年余りで４倍に膨らませてきた日本の総人口を、今度は次の１００年で半分以下へと急減させることが予想されているのです。

２０５０年に半減する生産年齢人口

もう一つの人口の年齢構成が大きく変わる問題をみると、今後、年少人口（０～14歳）が総人口に占める割合が低下するとともに、生産年齢人口（15歳～64歳）の総人口に占める割合も低下していくことが見込まれます。

２０００（平成12）年時点の生産年齢人口は８、６２２万人で、総人口に占める割合は68・１％と３人に２人以上となっていましたが、これが２０１４年10月には前年比１１６万人減の７、７８５万人、61・３％に落ち込み、さらに２０５０年にはそれぞれ５、３８９万人、53・６％とほぼ半分程度にまで減ると予測されているのです。

図表 9　日本の人口構造の変化（～ 2055 年）

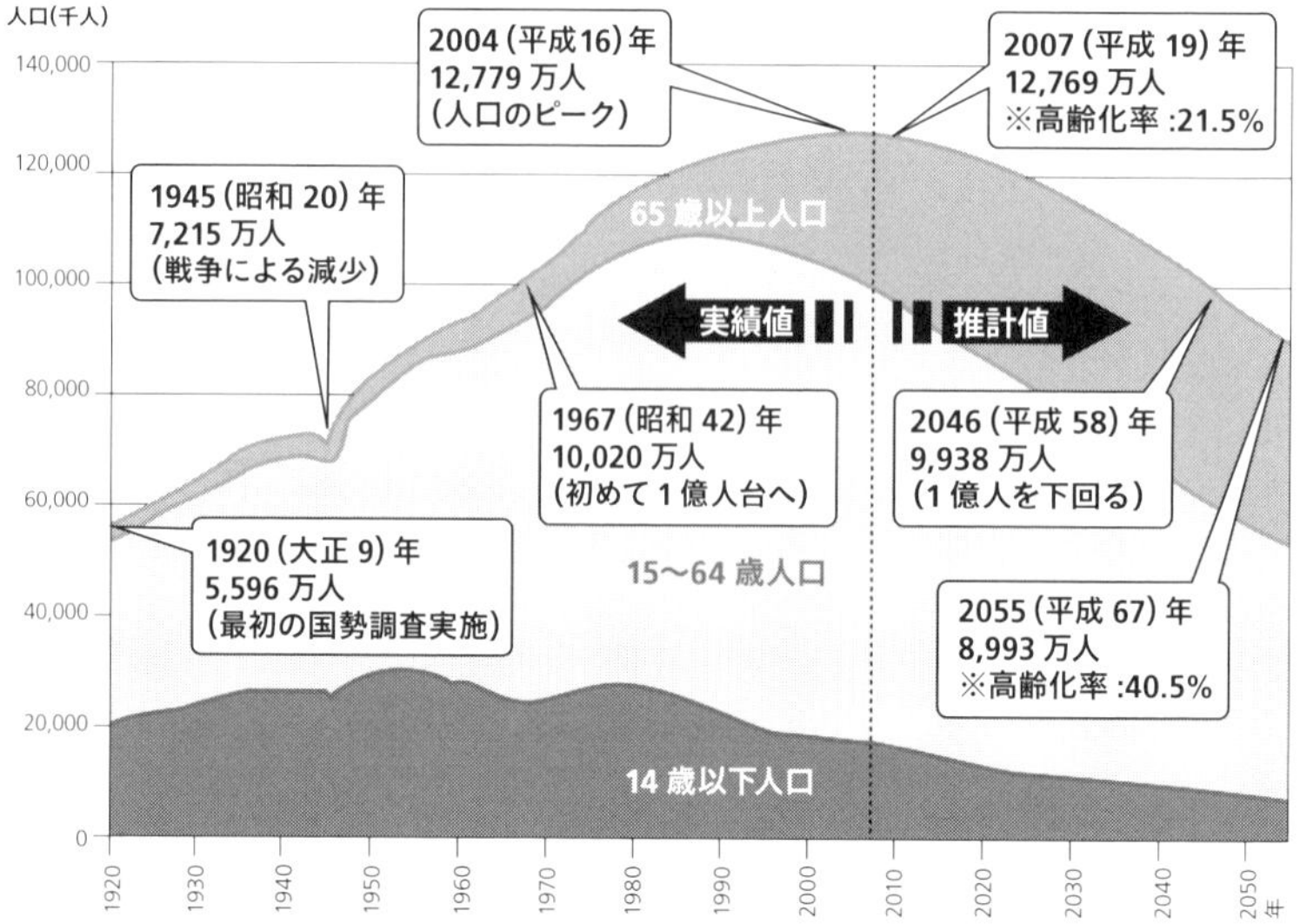

注：1941～43年は、1940年と1944年の年齢3区分別人口を中間補間した。1946～71年は沖縄県を含まない。
出典：実績値（1920～2006年）は総務省「国勢調査」、「人口推計（各年10月1日現在推計人口）」、推計値（2007～ 2055年）は国立社会保障・人口問題研究所「日本の将来推計人口（平成18年12月推計）」の中位推計による。

生産年齢人口の減少は労働人口の減少につながり、経済成長の制約となると考えられます。同時に、総人口に占める生産年齢人口の割合の低下は、支え手の減少を通じて、社会保障制度の基盤を不安定なものにすることも懸念されます。

こうした人口構造の変化は、これまでの前提だった「少ない高齢者、多い現役世代、さらに多い子ども世代」という条件が大きく崩れ、「多いお年寄り、少ない現役世代、さらに少ない子ども世代」を前提とする社会へと、１８０度異なる変化を遂げることを意味します。現在の制度設計がなされた時の前提が崩れるなか、これまでの政治がマイナーチェンジによって問題を先送りしてきたツケが、今後大きく問われることになるわけです。

少子化が教育に及ぼす影響としては、子ども同士の切磋琢磨の機会が減少することや、親の子どもに対する過保護・過干渉を招きやすくなることなど、さまざまなものが考えられますが、とりわけ学校や地域において一定規模の集団を前提とした教育活動等が成立しにくくなり、私学にとっては経営の根幹を揺るがす事態が予想されます。

❷……経済成長至上主義の崩壊（＝社会活力の低下）

高齢化の進行と人口減少は、多くの先進諸国に共通してみられる現象ですが、日本の場合、そのスピードが非常に速く、経済社会の将来に対する大きな懸念材料となっている点が特徴です。とりわけ、経済成長や社会保障制度を中心とする公的部門に与える影響はきわめて大きく、従来の発想や制度設計のままでは限界に達する可能性が高いと言われています。

一般的に、国のＧＤＰ（国内総生産）を維持・拡大するための前提は、「生産年齢人口」を維持または増やすか、「賃金」を維持または上げるか――のどちらかになります。ところが、前者については、いまみたように、生産年齢人口・労働力人口の絶対数の減少が想定されています。

現在、少子化対策として、出産や産休・育休などさまざまな手当ての充実を図るとともに、ママの産後2カ月以内のパパの休暇取得を促進する「さんきゅうパパプロジェクト」なども展開されているようです。しかし現実は、子育てに要する経済的な問題に加えて、自己実現を重視する日本人の価値観の変化が未婚化・晩婚化をもたらしており、親や社会のサポートの欠如なども加わり、複雑な要因が絡み合いながら少子化は進行しています。こうした状況を考えると、少子化対策によって合計特殊出生率が多少持ち直す効果はあったとしても、生産年齢人口の減少という大きな流れを転換させることは不可能に近いことではないでしょうか。

また、後者の賃金についても、たとえ企業収益が向上しても国内の勤労所得は、現状レベルからあまり上がらないことが予想されます。安倍政権は、経団連をはじめとした財界に対して、ことあるごとに賃金アップを要請していますが、一段とグローバル化が進展する大競争時代にあって、大企業と言えども研究開発やM&Aなど競争に勝つための投資に備え、内部留保が不可欠となっており、賃上げがスムーズに進まないのが現状と言えます。ましてや、企業数で全体の99%以上、従業者数で3分の2以上を占める中小企業において、そうした余裕がないのは明らかと思われます。

こうしたことを踏まえれば、日本のGDPは、成長どころかそれを維持することさえきわめて難しく、長期的な縮小傾向は避けられないでしょう。政府の経済成長見通しは実現根拠に乏しく、経済が右肩上がりに成長するという前提で、超高齢社会の社会保障制度を論じることは、非現実的だと認識する必要があります。

政府は現在でさえ、プライマリーバランス[※1]の均衡という目標を実現できず、毎年、国債を発行し続けて、借金を増やすことでしか社会保障予算に対応できていません。しかしそのことは、将来の子どもたちに大きなつけを回すことになることを、私たちは決して忘れてはなりません。

※1　基礎財政収支。公債発行額および公債費を除いた財政収支を指す。

2 激変する学校教育を取り巻く環境

❶……グローバルスタンダードの侵食

変貌する日本人の価値観

日本は、江戸時代における200年以上にわたる鎖国政策を続けた後、明治維新を経て開国へと進みました。その際、欧米の思想や文化等が一気に国内に流入するなか、長い歴史と伝統に培われた日本らしさ、日本人としてのアイデンティティをいかに守るか、を問われてきました。とくに教育の分野では、西欧型の個人主義的な考え方が中心となり、学校で学ぶことは立身出世の手段と位置づけられるようになったことは、すでにみてきたとおりです。

しかし明治政府は、自国文化にとって最も大切なものの一つである言葉(=日本語)に対して、きわめて的確な対応を行いました。英語をはじめとする外来語が押し寄せるなか、啓蒙思想家の西周《にしあまね》(1829〜97)らが中心となって、日本人に理解できる漢字に置き換えていったのです。現代のような「カタカナ語」として盲目的に外来語を〝輸入〟することはせず、膨大な時間と労力をかけて、日本文化に融合するかたちで〝日本語〟として受け入れるように努めました。

「哲学」「芸術」「理性」「科学」「技術」「心理学」「意識」「知識」「概念」「帰納」「演繹」「定義」「命題」「分解」などは、西周の考案した訳語の代表例です。漢字は中国文化の産物ですが、これらの新しい言葉は中国に逆輸入され、現在も〝中国語〟として使われています。科学文明に関する西洋文物をすべて国字に翻訳して学んだのは、アジアでは日本だけと言われます。その背景にあるのは、英語は必要であっても、大切なのは日本語による思考である、という認識にほかなりません。

ところが、近年は日本人の価値観そのものが大きく揺らいでいるように感じます。バブル崩壊以降、米国を中心としたグローバルスタンダードが浸透するなかで、日本人のアイデンティティが問われる場面が増えてきています。新自由主義のもと、社会は〝弱肉強食〟の様相を呈しています。人の幸せが一つの物差しで測られ、マスメディアを中心に〝勝ち組・負け組（二極化）〟といった言葉が使われるようになりました。勝ち組になるためには手段を選ばない、負け組になったら未来はない――若者たちを中心として、そうした思考を持ち、生きるうえで大きな障害と無力感を感じている者も少なからず存在しているように思われます。

ここ数年、英語教育の重要性が一段と叫ばれるようになり、小学生から英語教育が導入されています。また、グローバル企業には英語を社内公用語として、会議等での日本語の使用を禁止するケースもみられるようです。もちろん、さらなるグローバル化が進む時代にあって、コミュニケーションツールとしての語学力を磨くことはとても大切です。しかし、語学はあくまでもコミュニケーションの手段であり、目的ではありません。

私は、前述した西周らが日本文化に融合するかたちで外来語を受け入れたのと同じように、大切なのは日本語による思考だと考えています。かつて語学力を持たなかった慶長遣欧使節がヨーロッパで賞賛されたのは、きちんとした自国文化と教養を身につけていたからにほかなりません。グローバル社会にあって、日本人としてのアイデンティティを大切にし、海外の人々とのあいだで、お互いの価値観や文化を認め合える本当の意味での「国際教養人」の育成が、これからの日本の大きな課題になるのではないでしょうか。

❷……格差社会の拡大と教育

進行する格差拡大

グローバル化の波は、日本社会に大きな格差をもたらしつつあります。高度経済成長の真っただ中にあった１９７０（昭和45）年頃、流行語となった「一億総中流」に象徴されるように、日本社会は海外諸国と比べて格差がきわめて少ない社会でした。いまでも格差は相対的に少ないとはいえ、ここ数年、その広がりは大きくなっていると言わざるを得ません。

世界的ベストセラーとなったトマ・ピケティ著の『21世紀の資本』は、資産格差が所得格差を生み、それがまた資産格差を拡大させる、という格差拡大のメカニズムを示しました。ヨーロッパの格差は、第１次世界大戦から１９７０年代までのあいだに縮小しましたが、１９８０年以降は再び拡大して１００年前の状態に近づいているという指摘は、世界中で大きな議論を呼びました。上位１％への所得の集中は、２００８（平成20）年９月のリーマンショック直後に若干改善したものの、先進国経済が回復すると、再び集中の動きが目立っています。日本はＯＥＣＤ諸国のなかでは、所得集中の度合いはほぼ中央に位置しています（図表10参照）。

一方、総務省の報告書より、日本の家計が保有している金融資産についてみると、２０１３年の平均貯蓄残高は１，７３９万円で、前年に比べ81万円（４・９％）の増加となりました。この数字をみて、自分は平均的なサラリーマンだと思っていたのに、これほどの貯蓄はないと驚いた人も多いのではないでしょうか。同じ報告書には「貯蓄保有世帯全体を二分する中央値は１，０２３万円」とも書かれており、これが平均的サラリーマンの保有している貯蓄と考えられます。平均値の３分の２程度にとどまります。

図表10　金額上位1%への所得のシェア

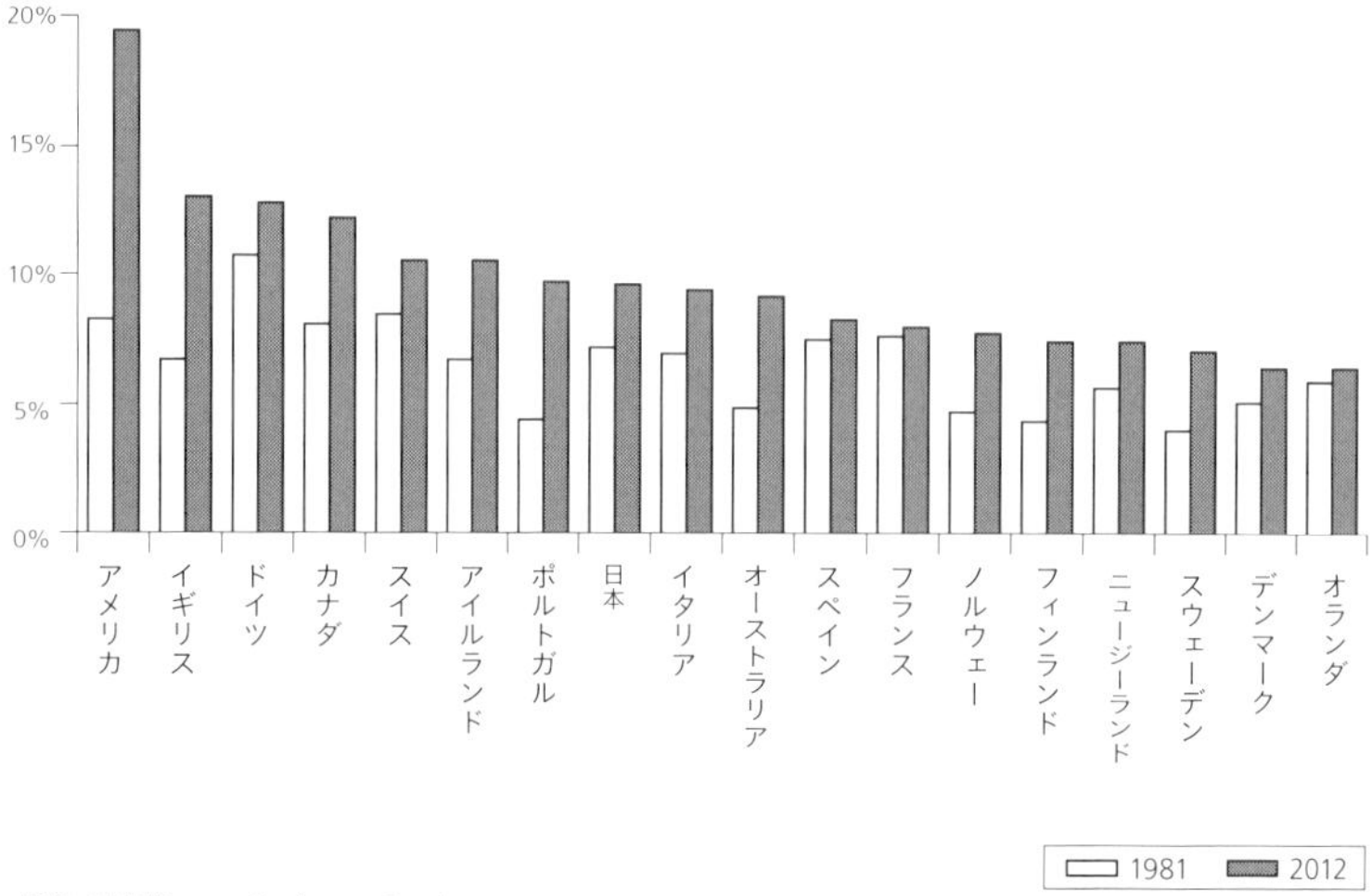

出典：OECD "Focus on Top Incomes Taxation in OECD Countries: Was The crisis game changer?"

日本では長年、デフレに悩まされていたため株価が低迷し金利も低水準を続け、財産所得は低迷しました。しかし、アベノミクスによるデフレ脱却政策の実現を仮定すると、ヨーロッパのように資産格差と所得格差のスパイラル的な拡大というメカニズムが働くようになる可能性があります。アベノミクスの恩恵が広く国民に行き渡るようにという視点から、これから格差の問題が一層注目されるようになるでしょう。

格差社会が教育に与える影響

格差社会の到来は、教育にも大きな影響を与えることになります。教育格差の再生産という悪循環を生み出し、保護者の所得によって「平準化した教育」の確保を困難にしてしまうのです。

戦後の日本社会では、教育に関しては、「平等」至上主義とも言える状況がありました。終戦からしばらくのあいだ、経済的な理由により、義務教育を終えて就職せざるを得ない生徒が少なからず存在し、教育格差が生じていました。その後、日本が高度経済成長期に入り、国民所得が右肩上がりに増加していくなか、高校進学率は着実に上昇し、教育格差が急速に縮小へと向かったことは、すでに述べたとおりです。

ところが、近年の格差社会現象は、再び教育格差をもたらしているようにみえます。少し古いデータになりますが、東京大学の在校生の家庭状況を調査した結果

（2010年）によれば、世帯年収950万円以上の家庭が51・8％に上りました。ちなみに、厚生労働省発表の世帯平均年収は約550万円であり、東大生の半分は日本の平均世帯年収の2倍もしくはそれ以上を稼ぐ家庭の子どもということです。また、文部科学省の調査（2012年）では、大学や短大の中途退学や休学の原因として、学費を払えないなど「経済的理由」を挙げる学生が2割を超えています。同省が「景気低迷や親の収入格差などで、学費を支払う余裕のある家庭が減っている」と分析しているように、教育格差は深刻な問題となっているのです。

高校中退については、近年、特別に増加傾向はみられませんが、いったん学校を離れてしまうと「貧困の連鎖」の危険性がきわめて高くなります。政府は子どもの貧困指標として高校進学率を用いていますが、高校卒業率こそが大切になるのです。

日本的雇用形態の崩壊

日本企業に目を向けると、経済がグローバル化するなかで、多くの企業は常に世界の競合企業との競争を余儀なくされる一方、高成長の原動力と言われてきた日本的な経営が、グローバルスタンダードという名のもとに修正を強いられ、切り捨てられつつあります。従業員を重視した家族的な経営は限界となり、株主への利益還元を強く求められるようになってきます。

それに伴い、長期スパンでの経営戦略は影をひそめ、短期的な利益追求を常に求められるようになっているように思われます。日本独自の雇用制度（終身雇用・年功型賃金）が崩壊へと向かい、効率至上主義や能力・実力至上主義が一段と徹底されているのが現状と言えるでしょう。

グローバル競争下にあって、企業も賃上げ等よりも競争力を高めるための投資（社内留保）を重視するのが当たり前になっています。松下幸之助は、「私が理想とする経営像は、株価や株主、短期的な業績などは気にせずモノづくりに勤しんだかつての日本企業なのです」と言いましたが、残念ながら今後はさらに、短期的利益指向の高まりなど株主重視の弊害が顕著になることが予想されます。

内閣府による「国民生活に関する世論調査」（2015年度）では、9割が自らを「中流」と考えており、「一億総中流社会」はいまなお健在と言える結果が出ています。しかし、まじめに働けば人並みの収入を得られ、人並みの生活を送ることができる——というかつての図式は、なかなか通用しにくくなっているように思います。

こうした状況下にあって、競争を勝ち抜くための能力を育むことが教育に求められる側面は理解しつつも、厳しい社会ゆえに、一方で、日本人の根底にあるべき人間としての土台となる部分、人間性や人間力を育む教育が、より一層大切になるのではないかと、私は考えています。

❸……変化する共同体としての教育観

崩れる教育の価値バランス

次に、日本人の教育観についてみていきましょう。前述したように、日本ではかつて、天然資源に恵まれないゆえに、「人材こそが最大の資源である」「子どもは社会の宝、国の宝」という考え方が当たり前でした。地域・家庭・学校が連携しながら、社会全体で子どもを育てていく伝統が存在していたのです。親はもとより親戚を含めた家庭教育を中心として、学校教育、さらに地域が担う教育がありました。近所の怖いオジさん・オバさんが、教育の一端を担っていたのです。そもそも学校教育の原点と言える寺子屋は、地域の識者が主体的に取り組んだものでした。

ところが近年は、価値観の多様化や、日本的な共同社会の変質、地域における人間関係の希薄化、家庭の養育力・教育力の低下、子どもの生活体験・自然体験等の機会の減少、携帯電話・インターネット等の情報メディアの普及——など、教育を取り巻く環境は様変わりしています。

日本人は、儒教精神の影響もあって教育熱心な国民です。その国民性は江戸時代から一貫してきました。「教育は一生の財産（決して減らない財産）であり、子どものために親は苦労を厭わない」という習慣が根づいています。前述したように、高度経済成長期にあって、「高学歴＝高所得（高い社会的地位）」という図式が、高校・大学への進学率上昇の背景として存在したのです。

教育熱心な気質は、国際的にみて国の教育投資が少ないにもかかわらず、日本が高い教育水準を保ってきた原動力と言えるでしょう。いわば、「私的利益に帰するもの」として認識された教育が、結果として「社会的利益に帰するもの」としての機能を果たし得ていたのです。それは江戸時代までの日本に培われてきた財産であり、明治維新後に西欧的個人主義が導入されたにもかかわらず、その双方のバランスがうまくとられてきた結果だったのではないでしょうか。

ところが、近年は経済の停滞、所得格差の拡大等を背景として、人々の潜在的な価値観のバランスが崩れつつあります。発展途上国との分業（労働集約型→知識集約型へ）、先進国間の競争激化など、ある意味で行き過ぎたグローバル競争に伴い、弱肉強食の世界が到来するなか、「平準化した教育」と「（教育がもたらす）社会的利益」の関係が必ずしも正比例せず、きわめていびつなものになりつつあるわけです。

個の成功≠社会の成功

前述したように、日本社会では勝ち組と負け組の二極化が鮮明化し、一部の勝ち組が社会全体を支える仕組みへと大きくシフトしつつあります。こうした時代の変化に伴い、かつての「個の成功」＝「社会の成功」という図式は成り立たなくなり、成功がきわめて利己的なものへとゆがめられているように感じます。

これまで日本が発展してきた根底には、教育が社会的利益を生むという前提がありました。それゆえ、環境が大きく変化するなかで、この前提を改めて見直し、再評価する必要があるのです。

私は二つの方向性があると思います。一つは、「平準化した教育」の持つ意味合いをきちんと国民に理解・浸透させることです。子ども手当、幼児教育の無償化、高校授業料の無償化などの施策について、子どもを持たない世帯（人）が、「社会的利益」のために必要であると思える社会にならなければなりません。

かつての日本では、なぜ社会全体で地域の子どもたちを育ててきたのでしょうか。日本人の気質として、「お天道様に反することは見逃すわけにはいかない」という正義感や道徳心に基づいた指導という側面もあったことでしょう。同時に、「この子のために」という思いもありました。たとえ見ず知らずの子どもであっても、大人として注意すべきことを注意するのは、一つの義務だという共通認識が存在しました。

ところが、経済的・精神的に余裕を失い、仕事に必死にならざるを得ない状況になると、殺伐とした世の中へと変わっていきます。注意した人が殺されるといった事件の頻発も大きな影響をもたらしました。いつの間にか、「かかわらないほうが利口だ」

という風潮が広がり、事なかれ主義が蔓延していきます。一方で親のほうも、他人が自分の子どもを叱ることを嫌う傾向も強いようです。その結果、大人の振る舞いとして、子どもを一人前に育てる、という概念が失われていきました。

そうしたなかで、子どもの教育は保護者と学校に委ねられ、とりわけ学校教育が子どもたちの人間性を育む役割は、かつてないほど重要になっているように思います。

人口減少下でのインフラの行方

人口の大幅減少は、国内の需要を減少させ、市場を縮小へと向かわせます。日本企業のグローバル展開は、そのことを反映したものです。国内市場に限界があれば、海外に活路を求めるのは当然の動きですが、そうした傾向が強まると、国内の生産設備などは海外へシフトし、労働力市場もまた縮小せざるを得なくなるでしょう。

1億2、000万人仕様で整備された日本のインフラは、将来、その持続可能性を大きく脅かされるでしょう。学校もその一つです。すでに公立校の統廃合が進められ、廃校となった施設の再利用等も始まっていますが、すべての施設を維持できるのか、その費用はだれがどのように賄うのか、不要なものを撤去し再整備することは可能か――など、重大な問題を引き起こすことが予想されます。

2013（平成25）年4月に始まった教育資金の一括贈与制度なども、大いに考えさせられる政策の一つです。この制度は、子や孫の教育資金を1、500万円まで非課税で贈与できるもので、相続税対策として人気を集めています。通常1、500万円の贈与（暦年課税）だと470万円の贈与税がかかりますが、贈与された子や孫が30歳になるまでに教育資金として使い切れば、贈与税はかからないからです。

相続税を孫の教育費に当てれば節税できる、という政策は、「教育が社会的利益に結びつくもの」という考え方と相反するものです。管轄省庁の問題はありますが、教育行政の一貫性や長期的視点の欠如を如実に示す悪例と言えるでしょう。

税金は本来、払える者が払うべきものです。なぜならば、税金は社会的利益のために使われるものだからです。社会的な仕組みとして、高額納税者が社会的利益に貢献していることをもっと強調してもいいのではないでしょうか。同時に、教育資金の一括贈与制度を導入するのであれば、孫の教育費に充てるだけではなく、その一定割合を恵まれない子どものための教育費に限定充当するなどの工夫が求められます。

3　待ったなしとなる財政危機問題

看過できない日本の財政悪化見通し

経済情勢に明るさがみえつつあるものの、日本の財政状況はきわめて厳しいことに変わりはありません。少子高齢化の進展による社会保障関係費の急増は、国家財政を圧迫しています。

日本の政府債務は、約1、053兆円（2015〈平成27〉年3月現在）と1、000兆円の大台を超え、さらに増え続けると予想されます。対GDP比率では234％に達し、国際基準でみると、イタリアやフランスを大きく引き離し、ダントツの1位にあります（図表11参照）。加えて、急速な高齢化によって、社会保障関係費は年1・3兆円、消費税に換算すると約0・5％分ずつ毎年拡大していくことが予想されます。また、国民一人当たりの借金は約830万円にのぼっています。

2006年の小泉政権下で目標とされた「2011年における基礎的財政収支（プライマリーバランス）の黒字化」は、リーマンショックもあって達成できませんでした。以降、現在に至るまで、この目標を実現できる見通しはいまだに立っていません。

一方、日本の名目GDPはこの20年間、成長トレンドではなく、停滞トレンドにあります。人口そのものが減少するのに伴い、生産年齢人口も当然のことながら大きく減少します。そうなれば、これまでのような経済成長が期待できるはずもありません。収入（税収）の自然増が期待できる見込みがないなか、急速な高齢人口の増加により、社会保障支出は一貫して増加していくことになります。その結果、国の借金は着実に増えていきます。

図表11　政府債務残高（対GDP比）推移のOECD加盟国比較

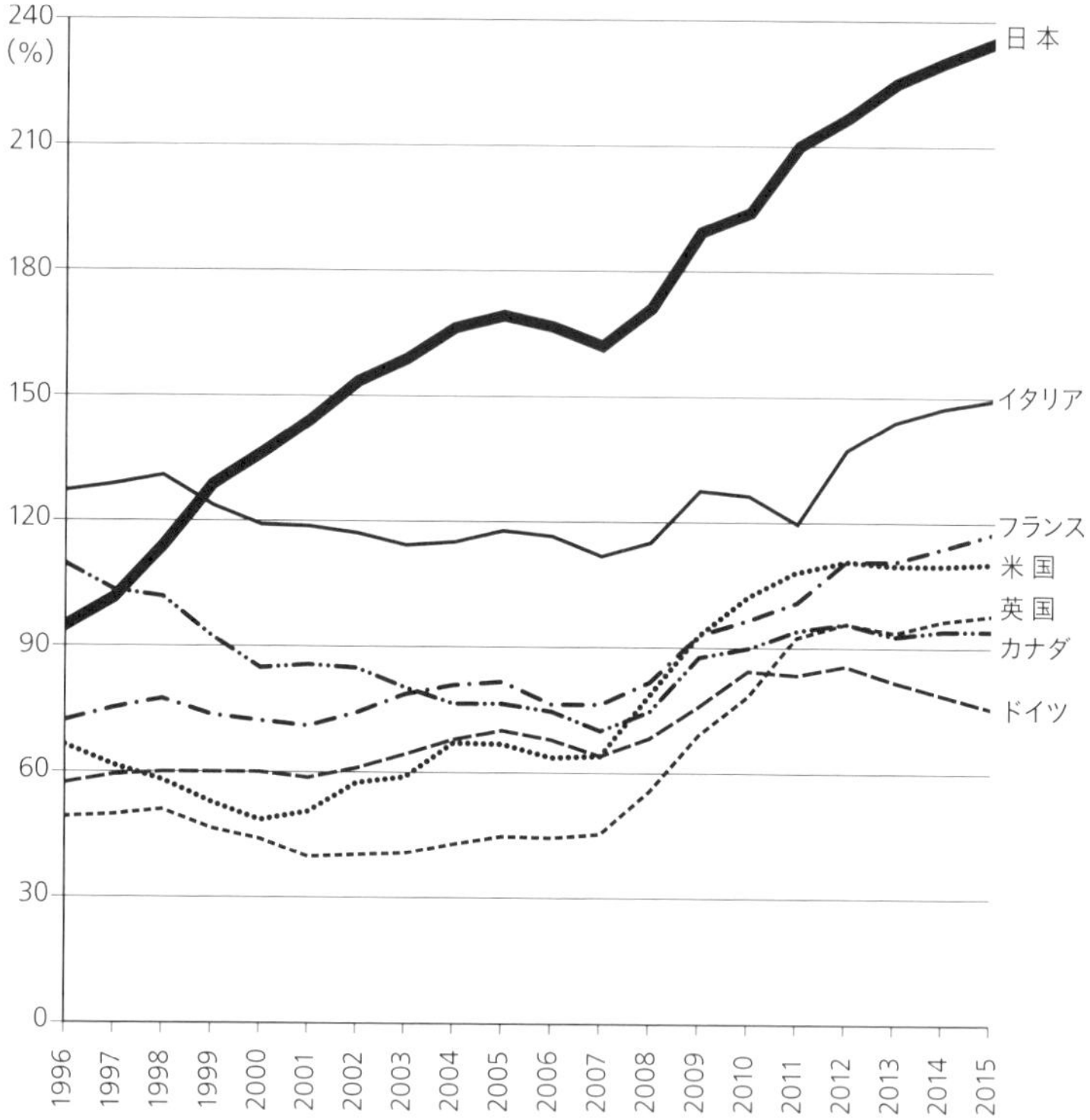

注：数値は一般政府ベース。OECD "Economic Outlook 96" による 2014 年 11 月時点のデータを用いており、2015 年度予算の内容を反映しているものではない。
出典 ：OECD "Economic Outlook 96" (2014 年 11 月)

内閣府は２０１２年１月、２０１５年10月に消費税率を10％に引き上げた場合でも、２０２０年度時点の国と地方のプライマリーバランス（基礎的財政収支）が９～16兆円の赤字になるとの試算を発表しています。これは、消費税換算で９～12％分程度のさらなる財源の上積みが必要になるということを意味します。

財政問題が教育に与える影響

このような財政危機下にあって、日本における教育予算は先進各国と比較すると低水準にあるものの、近年、微増ないし横ばいを維持しています。しかし、２０５０（平成62）年を見据えると、想像を絶する厳しい予算枠のもと、これまでの予算を確保できるかどうかはきわめて不透明と言っていいでしょう。

そうなれば、絶対的な使命とも言える「平準化した教育」の確保に向けて、格差を是正すべき分野に重点的に教育投資を行わざるを得なくなります。子ども手当、幼児教育の無償化、高等学校の授業料無償化などはその象徴です。

一方で近年、少子化に伴い、高校進学希望者は漸減傾向にあり、将来的には高校過剰問題が深刻化することが予想されます。かつての需要増大期において、行政側が公立高校を増設して規模を拡大したのだから、生徒減に伴う長期的需要の減少に対して、今度はその規模を縮小させることが行政の責任と考えられます。

「平準化した教育」の確保という視点でみれば、公立校の統合等を通じてインフラ過剰への対応を図ることは難しくありません。ベビーブーム時において、私立が募集増で対応したのと対照的に、公立校は短期的視点で新設校によってカバーしたという実情も背景にあります。高校進学希望者が急増した際の対応について東京都を例にみると、都は都立高校の募集定員を増加するとともに高校を新設する方法（１９９０年までに96校増設）で対応しました。これに対し私学は、学校数をそのままに募集定員を増加させる方法によって対処し、社会的要請に応えました。そうであれば、公立校が需要減に対応するのが筋というものです。

それでは、いままで以上の超財政難が予想されるなかで、質の高い教育を維持していくためには、どうすればいいのでしょうか。その答えは、後ほど詳述しますが、既存の私学を活かし、私学ではカバーし切れない部分を公立校が補う、という方向性をとることです。これこそが、より少ない教育投資で、平準化した教育を確保しつつ、より良質な教育の提供を可能とするものと考えられます。

不可避となる小さな政府への移行

２０５０（平成62）年における日本社会を展望するためには、超高齢化・人口減少のスピードが一段と速まるなか、持続的な経済成長という前提が崩壊することを踏まえ、既存の発想を超えた新たな社会保障システムについて考える必要があります。従来の日本の成功体験に固執して、現状の延長線上で考え、対症療法的なやり方で社会保障制度が抱える多くの問題を乗り切ろうとしても、年金・介護・医療・生活保護などの多くは機能停止し、貧困な高齢者が溢れる時代が到来する可能性が高いと思われます。

日本はこれまで、「強い経済、強い財政、強い社会保障」を目指してきましたが、現状は、その正反対とも言える「弱い経済、弱い財政、高齢者へは手厚いが制度としては弱い社会保障」という状態にあります。社会保障制度の充実には、大きな政府＝福祉国家が求められますが、日本が福祉国家を目指すことは、さまざまな視点からみて不可能と言っていいでしょう。

日本社会を取り巻く環境を整理すると、高齢化を抑制する人口の増加を図ることも、日本経済が持続的に成長を期待することも、非現実的です。同時に、不可逆なグローバル化（国境が低く、情報のコントロールが難しく、人や企業の移動を管理しにくい）が進行するなか、国家がすべてを決定できる絶対的な存在であることも、非現実的と言えるのです。

２０５０年を見据えると、日本では、大きな政府から小さな政府への転換を図ることが不可避となります。そこでは、憲法25条に基づき全国民に対し保障する「健康で

図表12　国民負担率の国際比較

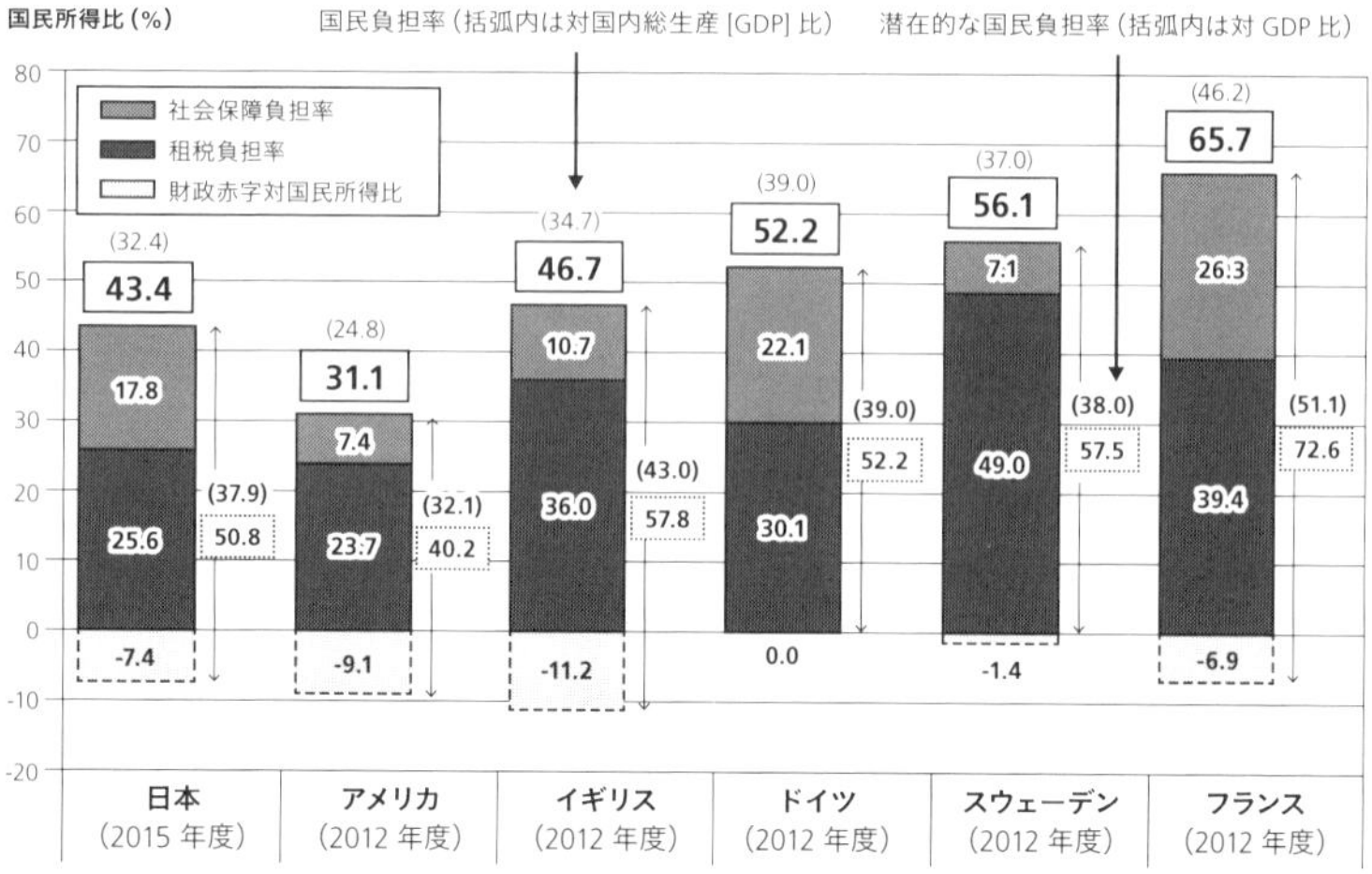

出典：財務省

文化的な最低限度の生活」水準を維持することが主たる役割であり、歳入が減少傾向を続けるなか、歳出の徹底的抑制を図ることが絶対条件となります。

4　2050年の日本社会とは

生涯現役社会

２０５０（平成62）年を見据えて、かつて経験をしたことのない人口の減少、高齢化を踏まえたうえで、日本社会を活力あるものにするにはどのような方向が考えられるでしょうか。このテーマについて、さまざまな専門家の皆さんがそれぞれの視点で展望を行っています。そうしたものを参考としつつ、私は大きく次の三つの方向に集約できるのではないかと考えています。

まず一つ目は、高齢者や女性がより一層活躍できる、いわゆる「生涯現役社会」とも呼べる環境を整備することです。そこでは、一人ひとりが加齢とともに衰える気力・体力に応じて応分の貢献と収入の機会を得たり、女性が出産・育児に伴う社会的制約を感じないで、働いたりできる環境を整備することが求められます。戦後の年金制度と定年制が作り出した現役世代とリタイア世代の明確な区分や、女性の出産・子育てに伴う社会的制約を徹底的に見直し、生涯を通じた活躍の場、応分の報酬を得ることのできる新しい仕組みづくりが必要となるでしょう。

生涯現役社会の実現に向けた雇用市場改革としては、定年制や年功序列ではなく、経済性や生産性を軸にした給与体系への転換や、正規雇用・非正規雇用の区別の是正など、年齢・性差等の別を取り除く柔軟な方策が考えられます。

生涯現役社会への挑戦は、教育の現場においても、定年者層の経験・知識を生かす試みが期待されるなど、さまざまな成果をもたらすものと思われます。

海外に開かれた社会（多様性の容認）

人口減少時代においては、対外開放と既得権益の排除を基本に、日本の将来像を描いていくことが大切になります。そのため、規制緩和、法人減税、雇用市場改革などを通じて、外国の人や企業から魅力的にみえる国へと変革させることにより、これまで以上に国際社会との共存共栄を意識していくことが求められます。これまで国内で賄ってきたものを海外に求める一方、海外との関わりのなかで、ヒト・モノ・カネ・情報の価値を高め、交易を拡大していく視点が大切になります。

遣隋使、遣唐使、元の来寇、朱印船貿易や勘合貿易、鎖国と開国、日清・日露戦争、日中戦争、太平洋戦争、占領統治、独立回復……と、日本はこれまで海外とのあいだで、交流・交易の拡大と断絶の歴史を重ねてきました。移動手段やコミュニケーション手段の発達に伴って、交流の範囲を広げ、相互依存を深めてきましたが、こうした外部とのかかわりを拡大していく姿勢は今後一段と重要性を増すことが予想されます。

島国である日本が海外を向くためには、人々の価値観・考え方を変化させていく必要があります。世界の多民族国家、多言語国家は、国民間でそれぞれの背景が異なることを前提にしていることから、相互に理解し合うための努力が大切になります。一部を除いて単一民族が単一言語を使って生活することが〝当たり前〟の日本では、説明・説得・自己主張なども、まだまだ不足しているスキルと言えます。

教育の現場においても、こうしたことを踏まえ、効率性や画一性の保持に偏重した教育（暗記偏重、知識習得への偏重）から、新しい挑戦への実行力を奨励し、イノベーションを起こす積極的な取り組みを評価するとともに、リスクを伴う判断や行動を容認し、コミュニケーションを高める力を養うことが求められます。また、教育課程の柔軟化や高等教育費の負担軽減、社会とのつながりの増加など、学ぶ側がその機会を得ることのできる環境づくりも大切になるはずです。

到来する国際協調社会

人口問題、エネルギーや環境、金融、情報流出といった現代社会が抱える問題がもたらす影響は、今後一段と国境を超えるものと予想されます。「超国家問題」とも呼べる課題に対して、日本が単体で取り組んでいくことには限界があります。また、世界のどのような国も同じ問題を抱えていると考えられます。

海外の問題がめぐりめぐって日本に意外な影響を及ぼし、日本の問題が海外に予想を超えた波紋を広げるという現実があるなかで、国内での取り組みで対応しようとしている現在の状況から、さまざまな問題について「地球的課題」と捉え、超国家的枠組みで対応していくことが求められるでしょう。

とりわけ日本は、環境や省エネルギー、ＩＣＴ（Information and Communication Technology：情報通信技術）など多くの分野で、世界のトップレベルの技術を有しています。こうした高い技術力を最大限に活用することで、グローバルな視野に立って世界が抱える課題の解決に取り組んでいく役割が、これからの日本に求められるでしょう。日本が「課題解決先進国」として、世界中から注目を集める存在になれば、素晴らしいことだと思います。

日本人には伝統的に「和の精神」が根づいています。ほとんどが農耕民族であり、自然の恵みに感謝し、自然との共生を大切にしてきた日本人は、お互いに助け合い、共に成長・発展する生き方を基本としてきました。他の国々や他の民族と共存共栄できるのも、日本人の特性の一つと言えるでしょう。

こうした「日本人らしさ」を大切にしつつ、よりいっそうのグローバル化が進むなかで、内向きにならず、世界の国々、そして世界の人々の動向に関心を持ち、思いを馳せる感性を高めていく必要があります。また、異なる価値観を持つ人々との交流から学び尊重し合える、広い視野を持った人材の育成も大きな課題になります。

教育の担う役割は、今後一段と重要性を増してきます。そして、そこでのキーワードは、人材の多様性です。グローバル化社会では、自分の価値観が完全には通用しないものです。だからこそ、多様性を採り入れて、新しい価値観を創造できる人材が求められます。そこに、私学がこれまで取り組んできた蓄積や実績が生きてくるものと、私は確信しています。

第5章

私学を取り巻く現在の問題点

——高校教育を中心として

1 日本独自の概念＝「公教育」

「公教育」とは何か

日本の教育における特徴の一つとして、「公教育（public education）」という概念があります。国際的に公教育とは、公の目的によって行われる教育の総称です。産業革命や市民革命を経て、近代社会が成立する過程において、一般大衆を国民として教化せしめる必要が生じたことに端を発する考え方と言われています。

世界基準で「公教育」をみると、家庭教育を原型とする「私教育」と並んで、公費によって賄われ、公的関与のもとに置かれた教育、と定義するのが一般的です。その場合、私立学校をどちらに分類するかは国によって見解が分かれますが、欧米では私教育に入れるケースが圧倒的に多いようです。

これに対し日本では、１９４７（昭和22）年に制定された教育基本法６条において、「法律に定める学校は、公の性質を持つものであって、国又は地方公共団体の外、法律に定める法人のみが、これを設置することができる」「法律に定める学校の教員は、全体の奉仕者」であると規定されています。これをみれば、国公立学校はもちろん、私立学校法（１９５０年３月施行）に基づき学校法人によって設置されている私立学校もまた、「公の性質」を持つ公教育なのです。後述する私学の公費助成の根拠も、この点に求められています。

また、学校教育法第5条の規定では、「学校の設置者は、その設置する学校を管理し、法令に特別の定のある場合を除いては、その学校の経費を負担する」という設置者管理制度を採っています。その管理機関とは、学校教育法第2条第1項の規定で国立学校は各大学の国立大学法人、公立学校は地方教育行政の組織および運営に関する法律に基づく各教育委員会、私立学校は学校法人の理事会がこれを設置、これのみが公教育を担う学校を設置できる、としています。

ひとことで言えば、日本では、「公の性質」を持ち、法律の定めに基づいて運営されている教育組織を指して「公教育」と捉えているわけです。

「公教育機関」としての私学

日本独自の概念とも言えるこの「公教育」という考え方の背景には、さまざまな歴史的要因が絡んでいると思われます。

日本は明治維新以降、社会インフラ等の整備に膨大な投資を行わざるを得ない状況にあって、教育制度の確立・普及に苦慮しました。財政難のなか、とりわけ中等教育においては公立だけで教育を支えきれず、その多くが私学によって賄われた時期がありました。また、女子教育や、宗教教育に代表される情操教育についても、私学が公立を補完するかたちで充実・拡充がなされてきました。このことは、すでに第3章で詳しく述べたとおりです。私学が学校教育に果たしてきた役割は、プライベートスクールとして富裕層に支持されながら発展してきた欧米諸国の私学とは明らかに異なります。

学校教育が「公教育」と呼ばれるように、「公」と称される分野はほかにもあるのでしょうか。たとえば、医療の領域では、国公立の病院と民間の医療法人や医院がこれに関わっていますが、これらをひとまとめにして「公医療」などという言い方は存在しません。

医療機関を運営する主体は医療法人でなければならず、それは非常に公益性が強く、営利を否定している医療法に基づいてつくられた特別な法人です。この点は、私学が学校法人によって運営されているのと似ています。人の生命や健康に関わる医療機関は、多くの利潤を追求する営利団体とは一線を画す存在で、適正な医療の提供が絶対の条件となるからです。しかし一方で、医療法人は、法人税や都道府県民税、市町村民税、固定資産税のいずれも課税されるなど、原則非課税の学校法人とは異なり、株式会社に準じています。これは、医療機関は公共性が高いとはいえ、適正な利潤を得ることが認められていることを示すものです。

また、日本国憲法では、「すべて国民は、健康で文化的な最低限度の生活を営む権利を有する」（第25条第１項）、「国は、すべての生活部面について、社会福祉、社会保障及び公衆衛生の向上及び増進に努めなければならない」（同第２項）とあるものの、国民の医療を受ける権利についての規定は存在しません。

このように、学校教育が「公教育」と称され、きわめて特殊な存在であることは、同じく公共性の高い医療と比較すると、より理解できるのではないでしょうか。

私学は、公の性質を法的に担保され、公教育を行う学校として位置づけられています。私学とは、教育に情熱をかける民間人が理想の教育を目指して、私財を投げ打ってつくった公教育機関である、と言えるわけです。当然のことですが、教育を受ける権利は、私立にも公立にも平等にあります。経済的理由による教育の差別禁止、経済的理由で修学困難な生徒への国・都道府県の支援も、以下のように、法律できちんと義務づけられています。

「第26条　すべて国民は、法律の定めるところにより、その能力に応じて、ひとしく教育を受ける権利を有する」（日本国憲法）

「第４条　１　すべて国民は、ひとしく、その能力に応じた教育を受ける機会を与えられなければならず、人種、信条、性別、社会的身分、経済的地位又は門地によって、教育上差別されない」（教育基本法）

「3　国及び地方公共団体は、能力があるにもかかわらず、経済的理由によって修学が困難な者に対して、奨学の措置を講じなければならない」（同）

私学経営は元来、営利目的ではなく、理念的・精神的目的に資する（奉仕する）公的経営です。帰属収入が超過したとしても、第1号から第4号基金に組み込み、将来の学校支出に備えることが法律上要請されています。

しかし、近年は保護者の経済的事情により、選択肢としての私学を排除せざるを得ない状況が生まれるなど、「教育を受ける権利」が揺らいでいるように見受けられます。

2　公・私間に存在する大きな格差

❶……四つの不平等
税法上の不平等

同じ公教育を担う立場にあるにもかかわらず、公立校と私学のあいだには大きな格差が存在します。以下では、その実態について具体的にみていきましょう。

一つ目は、税法上の不平等です。私学に通う生徒の保護者は、納税の義務を果たすなかで、間接的に公立高校の教育費を拠出すると同時に、自分の子女の教育費も直接的に負担しなければなりません。納税と学校教育費の二重負担という問題です。

これまでの歴史のなかでも、「私学の特徴的な教育にかかる費用だけを保護者が負担し、それ以外は自治体が負担すべきだ」という保護者の声は、決して少なくありませんでした。

高校生一人当たりにかかる費用（2012〈平成24〉年度）をみると、私立高校の生徒一人当たりの年間学校教育費が102万153円であったのに対し、公立全日制高校の生徒一人当たりでは110万9、696円と私学を上回っています。保護者が学校に直接支払う学費が高いため、私学のほうが「お金がかかる」というイメージが強いかもしれません。ところが、公立校の保護者負担額が低いのは税金によって学校教育費が賄われているからであり、社会全体として支払うトータルコストを考えれば、私学のほうが公立より「安上がり」な教育システムとなっているのです。

なぜ公立校のほうが私学よりも費用がかかるのでしょうか。これは、経営努力の差が現れているからと思われます。多くの私学は、保護者や受験生から進学先として選択してもらうために、高品質で魅力的な教育の提供を目指して、施設・設備の充実や、教育カリキュラムに継続的な投資を行っています。しかし一方で、少子化で収入が減少するなか、私学は人件費や不要不急・無駄な支出を切り詰め、健全経営を維持しなければ、運営自体が成り立たなくなるのです。これに対して公立校は、少子化時代にあってもなお、税金による収入が保障されている結果、限界があるように思われます。

公費負担の格差

二つ目は、公費負担の格差です。公立校の学校運営費については全額公費負担（支出）となっていますが、私学の運営費についてはほとんどが学校法人の負担で、経常費助成（経常的な経費に対する補助）など一定額のみ補助金として公費が支出されているに過ぎません。

たとえば、２０１３（平成25）年度の高等学校全日制課程において、公立生徒一人当たり公費支出額は全国平均で約１１０万円ですが、私立は約38万円にとどまり、その格差は2・9倍にのぼっています。

また、公立高校の運営費の多くは国の財源に頼っており、大半の地方自治体では、生徒一人当たり単価を用いて計算される地方交付税交付金の占める割合がとても大きいものになっています。このため、公立高校（生徒数）を減らせば地方交付税交付金も減ってしまうという認識がみられます。「自分たちの腹が痛まなければいい」といった近視眼的な体質があるとすれば、早急に払拭していく必要があると思われます。

保護者負担の格差

三つ目は、保護者負担の格差です。私立高校は、国・県から支払われる公費の少なさから、経費の多くを保護者の負担に求めざるを得なくなっています。私学に通う子どもの家庭の学校教育にかかる費用は公立校の４倍強で推移してきました。その後、２０１２（平成24）年度から民主党政権の目玉政策として公立高校授業料の実質無償化が実施されたのは記憶に新しいところです。ところが、その結果、学校教育にかかる費用の格差は数十倍と大幅に拡大してしまいました。私学保護者の学費負担感はいっそう増大することになったわけです。

さらに、２０１４年度からは、自治体の財政面での厳しい状況を踏まえ、授業料無償化に所得制限を設ける新制度が実施されました。これを受けて各都道府県では、独自に実施してきた授業料軽減補助制度の内容見直しを行いました。その結果、地域主権の名のもとに自治体間に新たな格差がもたらされています。

２０１５年度の実績をみると（図表13～15参照）、たとえば、兵庫県では、私立高校等生徒の就学機会を確保するため、国の就学支援金に加え、私立高等学校授業料軽減補助制度が県単独費（所要額：６億７、０００万円）で実施されています。しかし、この補助制度は、大阪府や京都府と比べると、大きな格差が存在します。私立高校の学校数や生徒数の違いもあるため単純な比較はできませんが、単独費は大阪府が約２００億円、京都府でも40億円に達しています。

また、条件（世帯収入）および給付額をみても、大阪府では「５９０万円未満」世帯58万円（教育に要する費用）、「８００万円未満」世帯38万円（平均授業料）、京

図表13　授業料軽減補助（支援）制度の比較（兵庫県）

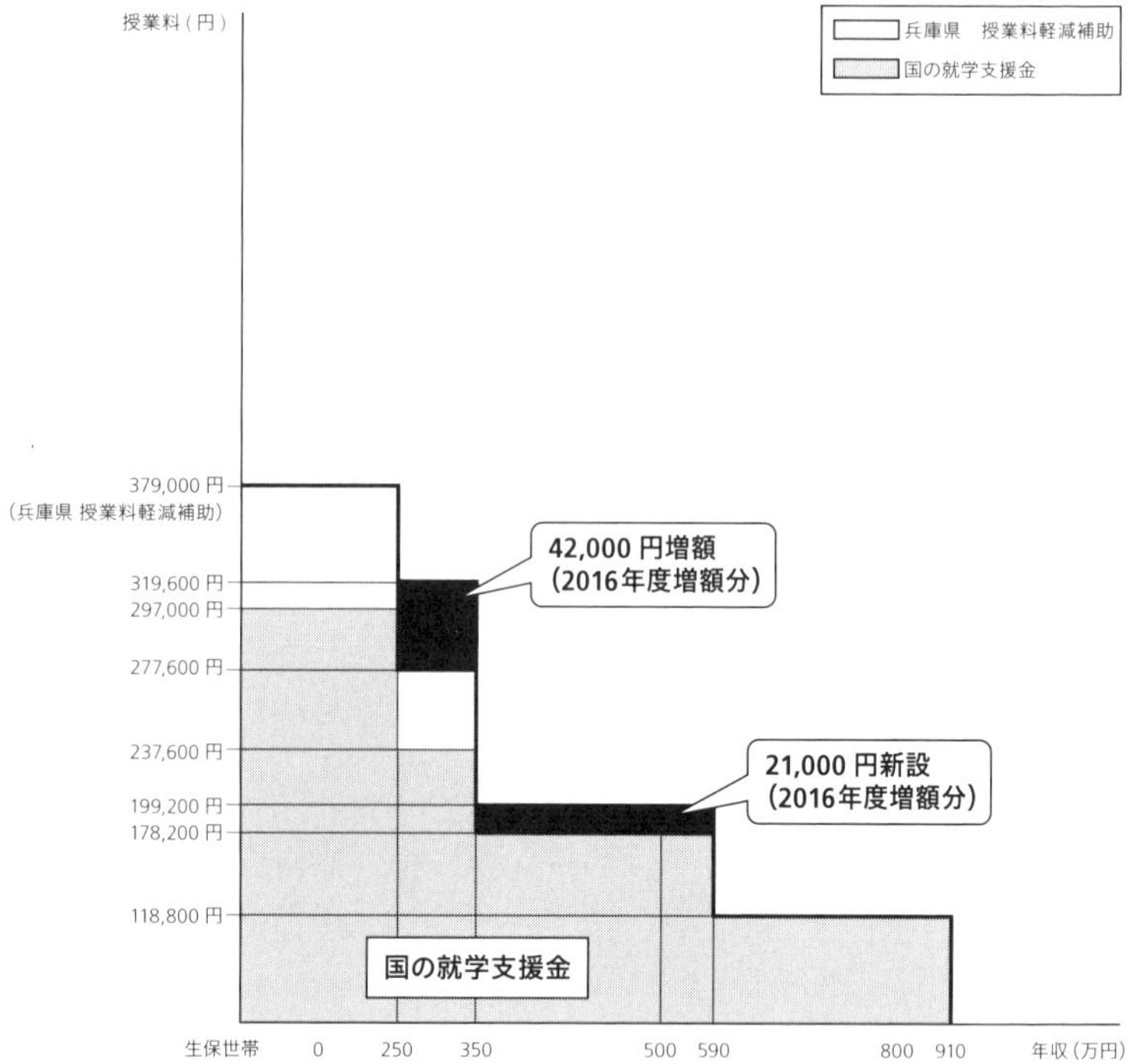

図表 14　授業料軽減補助（支援）制度の比較（京都府）

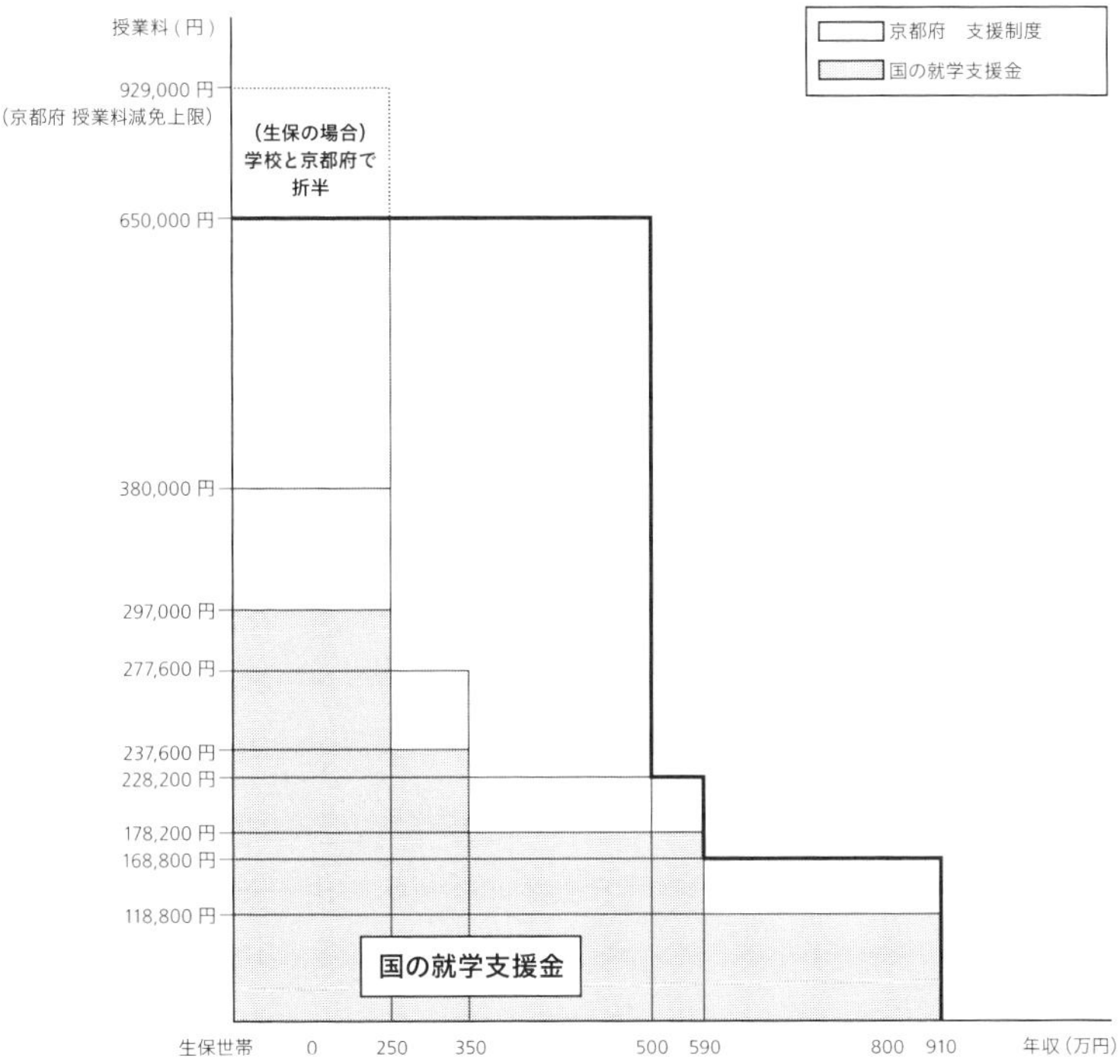

図表15　授業料軽減補助（支援）制度の比較（大阪府）

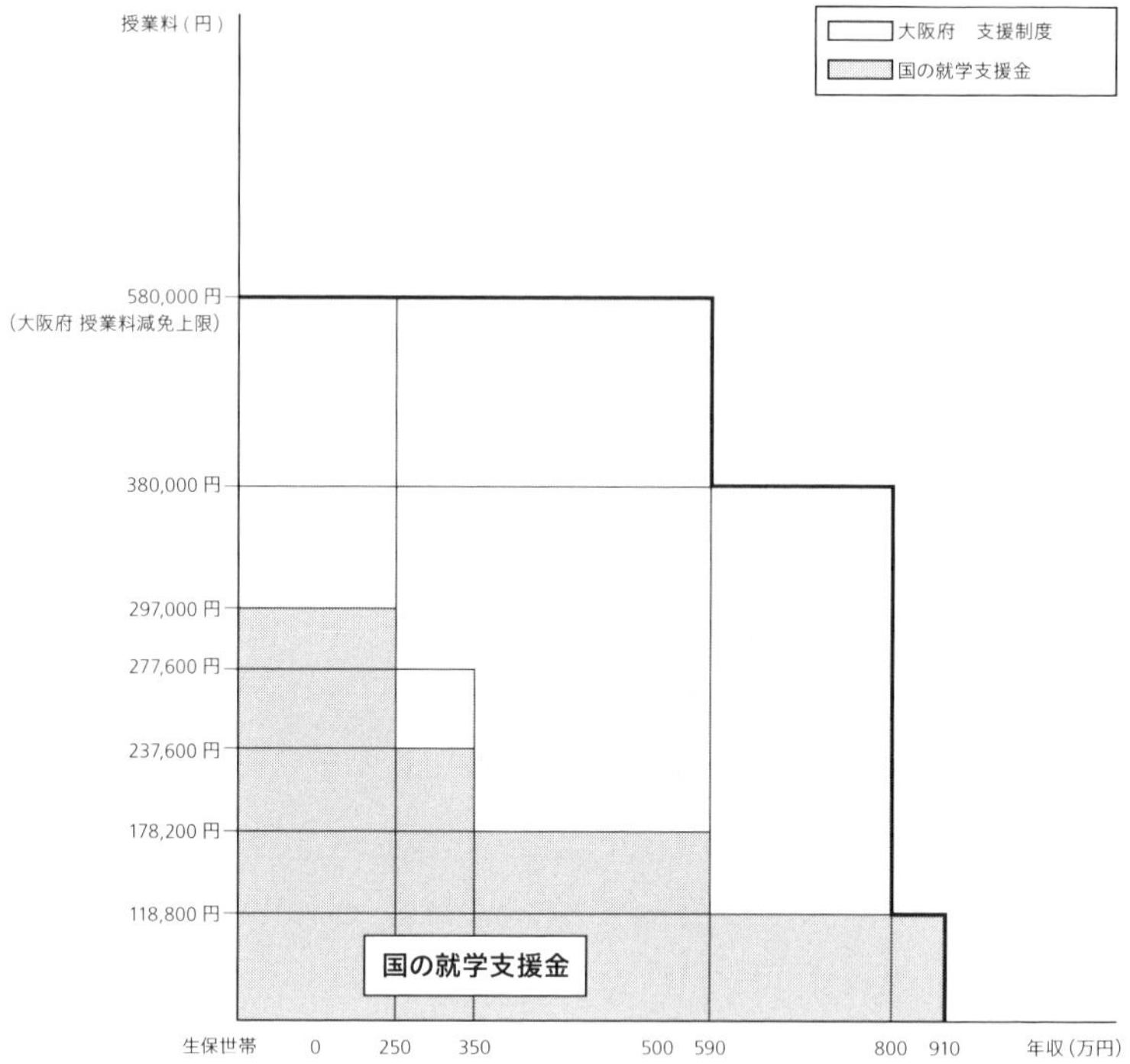

都府では「500万円未満」世帯65万円（教育に要する費用）、「910万円未満」世帯16万8、800円となっているのに対し、兵庫県では「250万円未満」世帯37万9、000円（平均授業料）、「350万円未満」世帯27万7、600円にとどまり、「350万円以上」世帯は国の就学支援金への上乗せがありません。この数字は、2016年度より若干増額され、「350万円未満」世帯31万9、600円（4万2、000円増）、「590万円未満」世帯19万9、200円（2万1、000円増）と改善されてはいますが、それでもまだ他の近隣2府と比べ低水準にあります。

府県間の格差は、兵庫県の私立高校に多大なマイナスの影響をもたらしています。ご存知のように、兵庫県と大阪府は隣接していますが、兵庫県から大阪府の私立高校に流出する生徒が急増しているのです。兵庫県においても、「590万円未満」世帯にせめて平均授業料分の給付をしてもらえれば、こうした不公平な状態を軽減できるのではないでしょうか。私は、全国でまちまちの状態を見直し、あまねく水準を高める取り組みが必要だと考えています。

ここでもう一つ述べておきたいのは、授業料軽減補助の充実を行政に要望すると、「そうであれば、経常費補助をカットして回します」と言われることです。しかし、授業料軽減補助は、あくまでも保護者に対して、子どもが能力に応じた学校選択を可能にするための助成であるのに対し、経常費補助は教育の質の維持・向上のための私学支援を目的としたものであり、性質が全く異なります。

　いずれにしても、高校進学率が98％以上に達し、高校が準義務教育となるなか、本来は公立校の役割である「平準化した教育」の確保という観点からも、全国的にみるとその約3割を担う私学進学者への負担軽減は急務と言えるでしょう。

入学定員比率の格差

　そして四つ目は、公・私間入学定員比率の格差です。公立高校と私立高校の入学定員の比率は、第二次ベビーブーム世代に進学希望者が急増したことを背景として、1975（昭和50）年以降、急増・急減対策協議会を設けて決められるようになりました。その結果、東京都59・6対40・4、大阪府70対30、愛知県2対1などとされたのです。

　入学定員の公私比率はその後、中学校卒業予定者数の増減、進路希望調査、地域バランス等に配慮し、各都道府県で見直し等が行われていますが、公立高校の存続を前提としたものとなっているケースも少なくありません。

　たとえば、兵庫県の私学に進学する生徒の割合は25％前後なのに対し、大阪府・京都府は40％前後であり、兵庫県は私学に進学する生徒の割合が相対的に小さいことが分かります。県の財政状況と併せて考えると、「公立志向の偏りが、教育面での公的財政負担を重くしているのではないか」との視点が生まれてきます。

❷……「公教育」としての私学
私学に希薄な〝公教育としての市民権〟

日本の中等教育の歴史は、明治に始まりました。以降、公立校の整備が不十分な時期は私学が中心となり、また女子教育や宗教教育といった公立校がカバーし切れない分野においても、私学が補完的な役割を果たしてきました。さらに戦後になると、私学は公教育という社会的・公共的課題を担い、法的にも認められるかたちで重要な役割を果たすようになり、現在に至っています。

こうした歴史を踏まえると、「公教育」という広い概念のなかで、公立校と私学がその特色を生かしつつ、お互いに切磋琢磨しながら併存することにより、日本の中等教育に質の高さと多様性を提示し続けることは、多くの国民が望んでいるものと言っていいでしょう。国民の願いは、大きく次の三つに集約することができます。

第一は、保護者として、自分の子どもに適した最善の教育を受けさせたいということです。そのために、多様な教育ニーズに対応できる公立・私立高等学校の一体的かつ効率的な組み合わせが望ましい、と言えます。公・私間に大きな隔たりのない進学条件、社会的に許容される範囲内での多様な価値観が求められており、学校選択の幅が重要になります。そうした環境のなかで、公私相互の切磋琢磨による各校の教育力の深化が生まれるのであれば言うことはない、という考え方があります。

第二は、住民として、地域・国・国際社会の安定的発展に資する人物の育成、若者らしい元気で前向きかつ真摯な学生生活を送ることへの期待です。地域の高等学校がこうした教育力・指導力を示すことは、住民に大きな満足感と誇りを与えます。その際、住民が高等学校に向ける目に、公・私の区別がないことは当然と言えるでしょう。

第三は、納税者として、現在の財政ひっ迫状況に対応するため、既存の教育資産や教育組織を効率的かつ一体的に活用してほしい、ということです。無駄の排除はもちろん、コストがかからず効果の高い教育体制を構築することが大切であり、そのことは工夫次第で可能だと考えています。具体的には、私学を活用することにより、多様な選択肢を効率的に国民に提供できると同時に、教育に投入されている税金をより有用な教育活動に回すこともできます。

住民税を納める都道府県民は、同時に所得税や消費税などの国税を納める国民でもあります。国家財政の行方は都道府県財政・都道府県民の生活にどのような影響を及ぼすかは、すでに多くが理解していることと思われます。それゆえに、私立高等学校という教育資産を公教育により積極的に取り込む方向を、地方自治体のみならず国家レベルで考える必要があるのです。

公教育に対する認識の是正を

一方で、いまの日本人の教育観についてみると、教育が公的な意味を持つものである、という認識が欠如している面も少なからずあるように思います。何度か述べてきたように、教育に関しては、親が子どもに対してできる限り費用を出してやるのが親心として当然であり、また教育に伴う成果は個人の努力によって獲得された私的利益とみなされています。より高価な高等教育ほど、私的負担が重いということは、そこで得た結果や利益も私的なものとみなしやすいことを意味します。

このことは、明治期に入って新しい教育制度を確立する際、西欧的な個人主義を導入し、「教育は立身出世の手段」という価値観の浸透が図られたことに起因していることも、すでに述べました。財政難の状況下にあって、政府が教育熱心という国民性を利用した側面も否定できません。日本の教育費負担に関する問題の一つは、実はここにあるのではないかと思われます。

具体的にみると、明治維新後、教育制度の整備によって近代国家建設の基礎を築いたものの、義務教育については費用のすべてを市町村の負担としたため、財政は悪化の一途をたどりました。これを救済すべく「市町村義務教育費国庫負担法」が制定されたのは１９１８（大正７）年のことで、しかも市町村教育費のわずか10％を補うに過ぎませんでした。近年になってようやく、「小学校・中学校の義務教育は、全額公的負担が当然である」とする考え方が一般的になりました。

小・中学校の「義務教育は、これを無償とする」と憲法（26条）に明記されていることから、私立の小・中学校も含め、本来無償とされるべきです。しかし現状では、制度導入には程遠い環境であり、私立の小・中学校には、公的支出が十分ではなく、私的費用負担が大きく課せられています。仮に無償にはできないとしても、せめて、公立に要する諸経費を上回る部分のみについて自己負担とするのが妥当ではないかと思われます。

また、その前後の幼児教育と高校教育、そして高等教育のすべてにわたって、「教育費は原則、私的費用負担である」という意識が払拭できていません。これは、経済成長期には早期に職に就くことが社会的要請であったほか、高校、大学へと教育レベルが高くなるに従って、社会的要請（結果の社会還元）ではなく、私的要請（結果の個人への還元）だという認識から容易に脱却できないことに起因すると思われます。

就学前教育（幼児教育）も同様の認識で、最近の労働力不足の懸念＝女性の就業援助の必要性が増して、ようやく公的支援＝公的費用負担の必要性が認識されつつあるのが現状です。

従来の公教育の認識範囲はとても狭く、教育が日本の発展の要だと考えるのであれば、公教育の範囲を就学前から高等教育まで拡大して、公的費用負担を先進国並みに高める必要があると、私は考えます。

「学校法人」という特殊な法人

１９４７（昭和22）年に制定された教育基本法６条において、「法律に定める学校は、公の性質を有するものであって、国、地方公共団体及び法律に定める法人のみが、これを設置することができる」と規定されていることはすでに述べたとおりですが、この「法律に定める法人」とは何を意味するのでしょうか。

１９４９年12月に公布され、翌年３月に施行された私立学校法は、この法人＝学校法人に関する事項を規定しています。それによれば、私立学校は、公教育を担っている点において国・公立の学校と変わりなく、「公の性質」を有するものとされています（教育基本法第６条第１項）。この観点から私立学校にも「公共性」が求められており、私立学校の「公共性」を高めるため、私立学校の設置者として旧来の民法の財団法人に代わって「学校法人」という特別の法人制度を創設し、その組織・運営等について、次に述べるように民法法人と異なる法的規制を加えています。

第一は、学校法人が解散した場合の残余財産の帰属者は、学校法人その他教育の事業を行う者の内から選定しなければならず、残余財産の恣意的処分の防止を図っていること（私立学校法第30条第３項）です。第二に、学校法人の運営の公正を期するため、役員の最低必要人数を法定するとともに、役員が特定の親族によってのみ占められることを禁止しています（同第35条第1項及び第38条第7項）。第三に、学校法人の業務執行の諮問機関として評議員会の設置を義務づけ、学校法人の運営について意見を反映させることとしています（同第41条〜第44条及び第46条）。

このように、学校法人は、各学校が創意工夫を持ってより良い教育を行える「自主性」と、そうした教育を行うからこその「公共性」を兼ね備えているのです。

ちなみに、太平洋戦争後に私立学校法が制定された理由としては、①全体主義的で偏狭な価値体系が戦争に突入させたことへの反省として価値の多様性を重視すること、②戦後の成長を担う人材の育成が必要だったが、投資すべき国家予算が国にはなかったこと（財政上の理由）、③全国において多様な分野で中間層の底上げが求められること（人材確保の観点）——という三つが挙げられます。

3　きわめて貧弱な教育への公的支出

少ない教育予算が私学に与える影響

資源に恵まれない日本が誇れる唯一の資源は人であり、日本の未来を担う人材の育成は最重要課題である、という考え方を否定する人はいないでしょう。ところが、その証左を問われて出てくる統計数値は、すべて「教育は国家財政の占める位置からすると、それほど重視されていないのではないか」と思わざるを得ない数字ばかりです。

２０１５（平成27）年度における日本の一般会計予算は約96・３兆円です（図表16参照）。このうち歳出についてみると、国債の元利払いに充てられる費用（国債費）、地方交付税交付金、社会保障関係費が占める割合は70％超にのぼっています。これに対し、文教および科学振興費は５・６％にとどまっています。

一方、一般会計予算における歳入のうち、税収で賄われているのは60％弱であり、40％弱は将来世代の負担となる借金（公債金収入）に依存しています。

２０１２年の日本のＧＤＰに占める教育機関への公的支出の割合をみると３・５％で、ＯＥＣＤ加盟国で比較可能な32カ国中最下位でした（図表17参照）。最下位となったのは実に６年連続のことです。ＯＥＣＤ加盟国の平均が４・７％で、最も高かったのはノルウェーの６・５％です。以下、ベルギー・アイスランド５・９％、フィンランド５・７％と続きます。ちなみに、英国は５・２％、米国・韓国は４・７％となっています。また、子ども一人当たりの公的支出額については、日本は１万５９６ドル（29カ国中12位）でＯＥＣＤ平均（９、３１３ドル）を上回りました。

一定以上の教育を受けた人材が多ければ多いほど、国や地方公共団体はもとより、一般企業も新たに社会人を受け容れる際、基礎的な教育費を投入する必要がなくなる

図表16　平成27年度一般会計予算

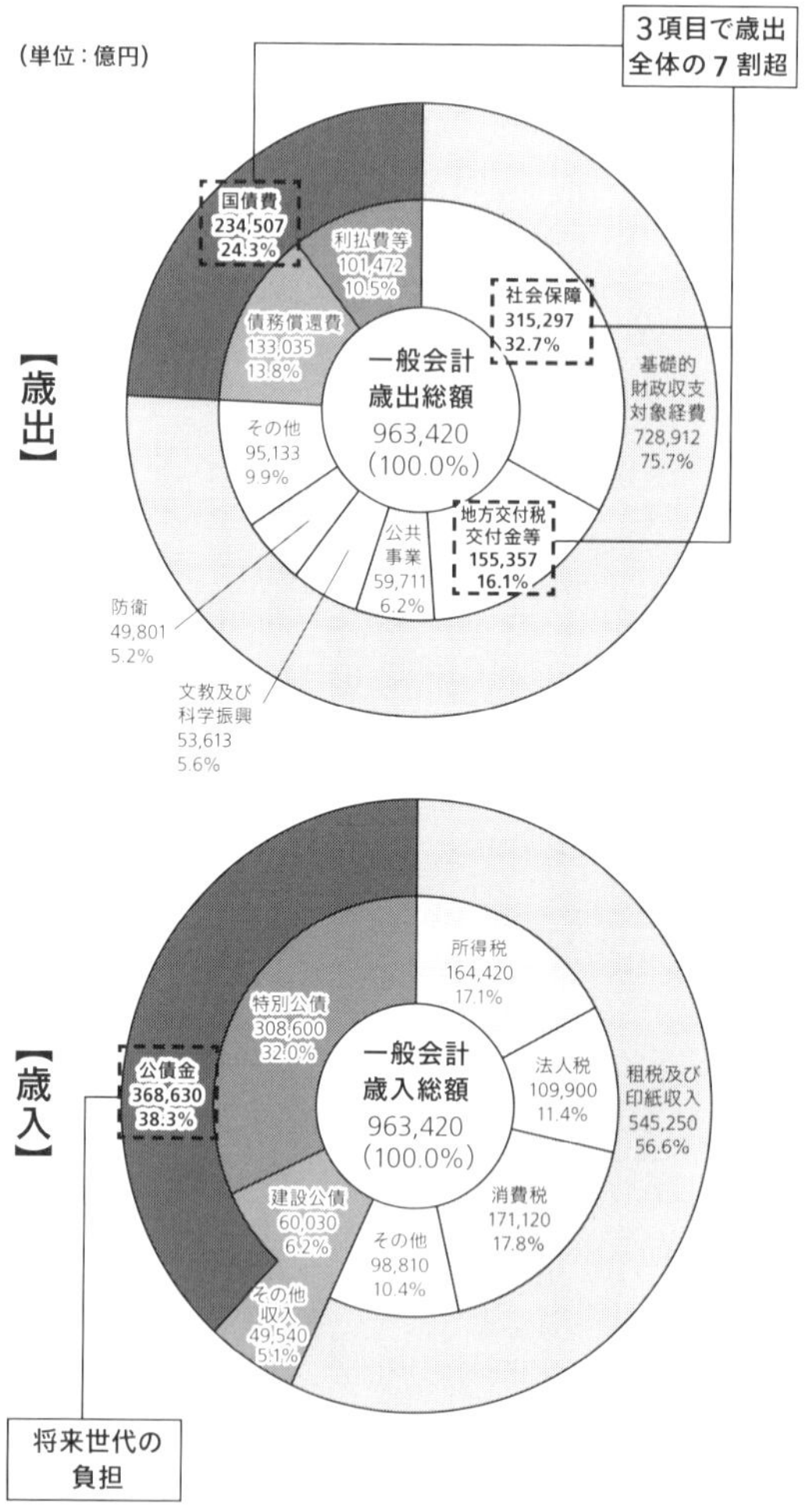

注：1. 計数については、それぞれ四捨五入によるため、端数において合計と合致しないものもある。
2. 一般歳出は、基礎的財政収支対象経費から地方交付税交付金等を除いたもの。
出典：財務省

図表 17　GDP に占める教育機関への公的支出割合比較（2012 年）

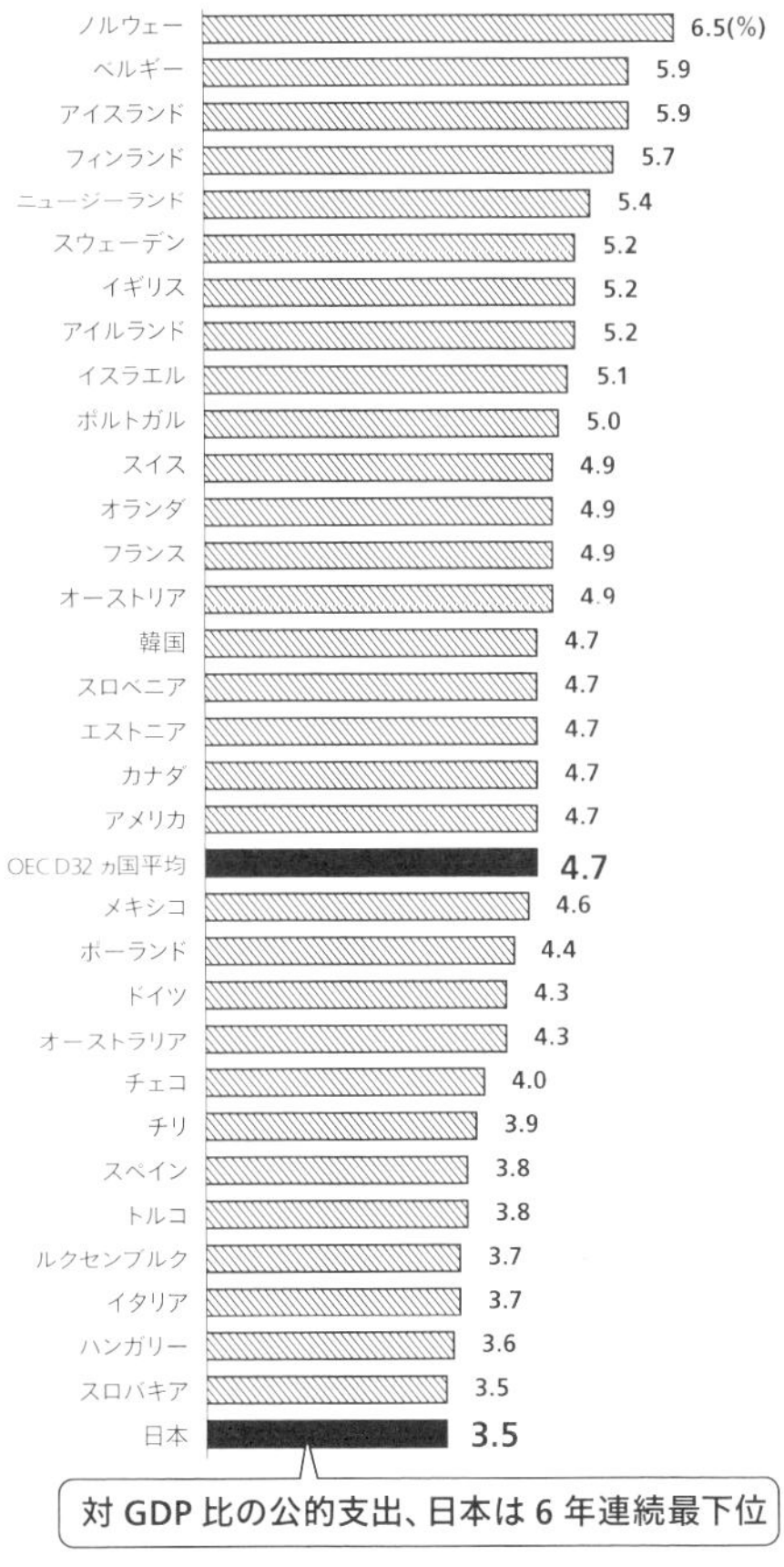

出典：財務省

という恩恵を受けます。逆に教育度の低い人材しか採用できなければ、新たに膨大な教育コストを要することになり、それは製品やサービスの価格に上乗せせざるを得なくなります。そうした教育の社会的利益への還元という側面をみれば、少なからぬ恩恵を被る経済界は、教育に対してある程度の負担を担ってしかるべきだ、という意見も説得力があるでしょう。

求められる給付型奨学金

一方で、ＯＥＣＤは、日本では高等教育機関の授業料が高いにもかかわらず、奨学金を受けている学生が少ないことを問題視しており、「高等教育を受ける人が増えれば社会への利益還元も大きい。公的な経済支援を充実させていくことが重要」と指摘しています。

日本の奨学金制度は、返還義務のない「給付型奨学金」がほとんどなく、就職すれば所得の多い少ないに関係なく、「均等に返却」しなければならない、といった点において、先進各国と比較して劣悪と言えます。日本の奨学金は事実上のローン（借金）であり、返済義務を伴うものという点に特徴があります。

国は給付型の奨学金を創設しておらず、日本学生支援機構の奨学金は返済が必要な貸与型であるうえ、有利子が多くなっています。たとえば、月額12万円で4年間（48

カ月）の奨学金を利用した場合、返済総額は約775万円にのぼり、卒業後の月賦返還額３万2,297円が20年（240回）続くことになります。22歳で大学を卒業しても、42歳まで奨学金返済に追われるわけです。

経済が右肩上がりの時代であれば、収入の伸びが大きいため、返済もそれほど大きな負担にならなかったかもしれません。たとえば、大卒初任給（平均）は、1968（昭和43）年の３万6000円が1995（平成７）年には19万4,200円へと増大しています。しかし、高い経済成長が望めないうえに、いまなおデフレ脱却に至っていない現在、こうした収入の伸びは望むべくもないでしょう。

ましてや、大学だけでなく、高校においても奨学金制度を利用していた場合、きわめて大きなハンディキャップを背負うことになることは明らかです。だからこそ、準義務教育となっている高校においては、授業料軽減がきわめて大きな課題となるのです。

ちなみに、すべての大学昼間部学生のうち奨学金を受給している者の割合は52・5％（2012年度）で、20年前の1992年度に比べ30ポイントも上昇しています（図表18参照）。同じ2012年度末における延滞者は約33万人となり、日本学生支援機構は債権回収業者による督促や信用情報機関への登録などで回収を強化していると言われます。

海外の奨学金事情をみると、日本とは大きく異なります。たとえば英国では、伝統的に「教育とは本来無償サービスだ」という考え方が一般的で、低所得者層のために返還の必要のない給付型奨学金があります。また、英国は全体に授業料が安く（年間の平均18万５、０００円）、しかも学生の約半数が学費全額免除と言います。ドイツも「教育効果は国・社会に還元される」という考え方で、英国以上に厚遇しています。一定以下の所得の家庭には年50～62万円の受給が保障され、半額を無利子で返済すればいい仕組みとなっています。

米国は、世界の中で最も奨学金制度が充実した国の一つです。給付型奨学金の総額は、国・州・学校・民間合わせて7兆８、０２０億円（２０１０〈平成22〉年度）にのぼります。受給者は全米１、４００万人で、学生の約7割がなんらかの給付（贈与）を受けています。そのうえで、学資の不足を国の貸与（ローン）奨学金で補っており、２００９年より公共サービス職に就くと所得額によって返還が免除されています。

奨学金制度の現状を捉えても、公教育の重要性を日本の国全体が認識しているとは言えない状況が読み取れます。

図表18　奨学金受給者率の推移

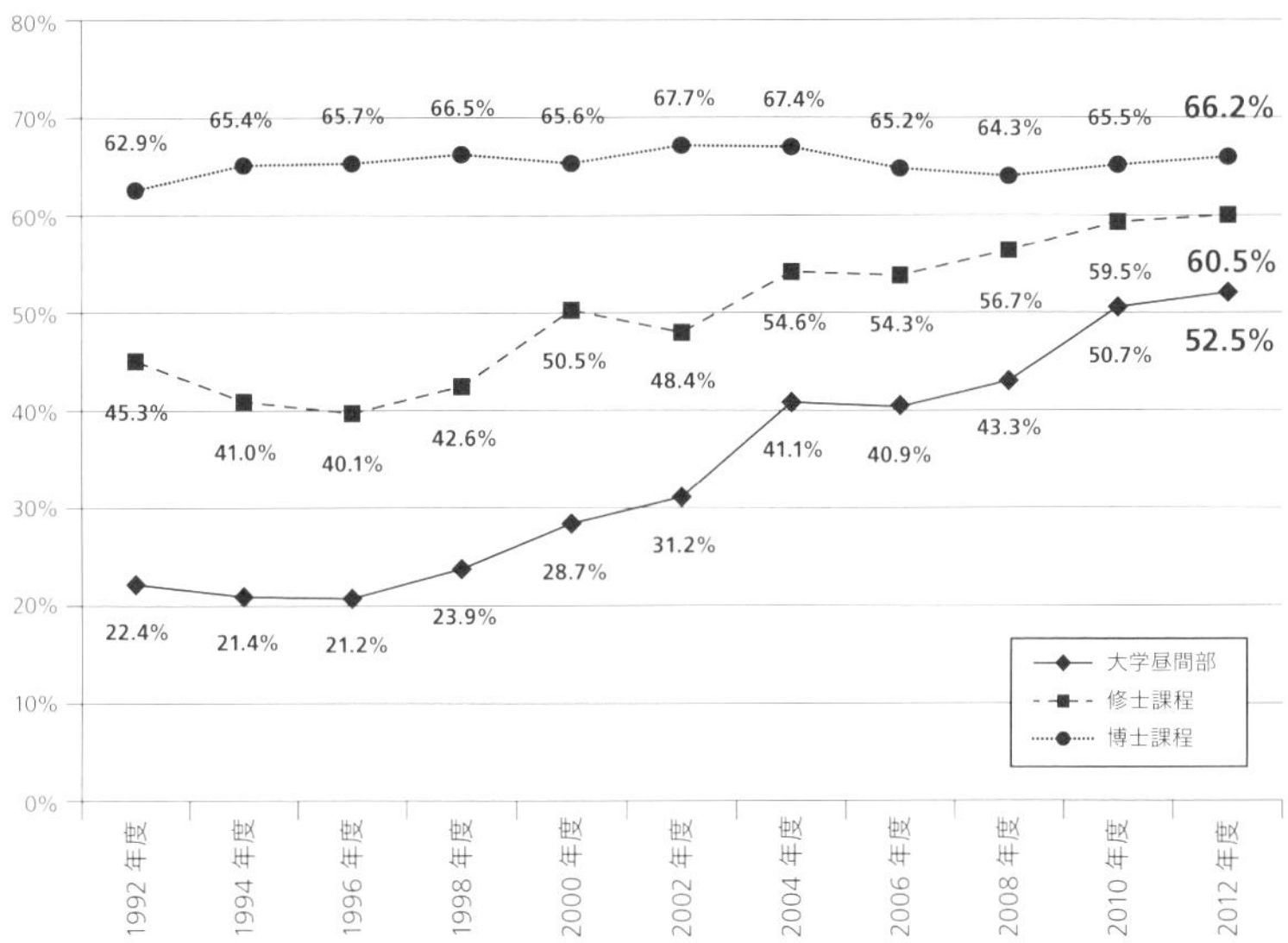

出典：独立行政法人日本学生支援機構「平成24年度学生生活調査」

4 公立の〝私学化〟がもたらすもの

「特色ある高等学校づくり」の限界と矛盾

これまで〝教育の平準化〟という役割を担ってきた公立高校は、近年、私学と比べて相対的に地位の低下が顕著になっている、との評価も少なくありません。また、個性を育てる教育に対するニーズが高まるなか、横並びの画一的な教育から脱却すべきとの声も小さくありません。いわば、私学が創立以来、「建学の精神」のもとでそれぞれが取り組んできたオリジナリティの高い教育を後追いするかたちで、公立高校の教育改革が取り組まれているのが現状と言ってもいいでしょう。公立校の〝私学化〟が急速に展開されているのです。

その背景には、文部科学省による「特色ある高等学校づくり」の推進という政策の後押しがあります。生徒一人ひとりの個性を伸ばす特色ある高等学校づくりを目指して、中高一貫教育、総合学科や単位制高等学校をはじめとする新しいタイプの高等学校や、特色ある学科・コースの設置などに取り組んでいます。また、自校以外での学習成果の単位認定の幅の拡大などを通じて、多様なカリキュラムづくりが可能となるように高校教育改革を推進しているのです。

こうした取り組みは、公・私間で公平に行われているのであれば、相互に切磋琢磨し、競争し合いながら教育の質を高めるという意味で、歓迎されるべきことのようにも思えます。しかし現実は、私学が自らの資金を工面して、苦労しながら取り組んできたのに対し、公立は既存の教育コストとは別枠の新たに設けられた補助金によって賄っているのが実態です。これでは、公平な競争などできるわけがありません。公・私間の不公平拡大の新たな要因の一つとなりつつあるのです。

また、公立校は本来の責務である〝教育の平準化〟という役割を十分に果たしていると言えるでしょうか。私はこの点についても、少し疑問を持っています。大学受験実績を上げることも必要なのかもしれませんが、それは結果であって、目的ではありません。それよりも、それぞれの学校が、学力が十分に身についていない子どもたちの学力を引き上げることを目標として、これまで以上に力を注いで教育に取り組むことがきわめて大切なのです。

異なる中高一貫教育の意義

公立高校で行われている特色ある学校づくりの代表例が、中高一貫教育の導入です。中高一貫教育は、これまで国立校と私学に限定されてきましたが、２００９（平成21）年度より公立校でも取り入れることが可能になりました。

中高一貫教育には四つの特色があげられると言われます。第一に、高校入試の影響がなく、ゆとりある安定した学校生活を送れること。第二に、6年間の効果的な一貫教育ができること。第三に、生徒の個性を伸長し、優れた才能を発見できること。第四に、異年齢集団の活動で社会性や人間性を豊かにできることです。これらの利点があるため、進学競争の低年齢化などの心配があるものの、改革モデルとして導入することになったわけです。

私学の場合、中高一貫教育を人間教育の一環として捉えています。高校3年間だけでは時間的に不足し、十分な成果を上げることが難しい人間教育ですが、人格形成期に当たる中学から高校までの6年間を活用すれば大きな成果が期待できる、と考えたわけです。しかも、私学の中高一貫校は、戦前の旧制中学時代からこの取り組みを続けており、そこには多くのノウハウが蓄積されているほか、長い伝統によって受け継がれてきた空気感が校風として定着しています。

これに対し、公立校における中高一貫教育には、大学受験に向けた学習カリキュラムという側面が見え隠れしているように思えます。このことは、公立の中高一貫教育の導入を方向づけた1997（平成9）年の中教審答申において、一貫校を「受験準備のための学校」にしないように、と繰り返し訴えていることからも、本音の部分がそこにあることが分かります。逆に言えば、公立に導入される中高一貫教育の教育内容が大学受験を視野に入れないものだとすれば、大学進学を希望する中学生が公立の中高一貫校へ進学を希望するはずがないのではないでしょうか。

このような状況では、公立の中高一貫校がとるべき道は二つしかありません。一つは、かつての高等専門学校（５年制の実践技術者養成機関）と同じ道です。６年間という教育の連続性を専門的な知識や技術の修得に生かすのです。もう一つは、「進学エリート校」への道で、かつてのナンバースクールの復活を意味します。そこでは、全寮制度のもと、ヨーロッパのノブレス・オブリージュ（noblesse oblige）に通じるような、国のリーダーとしての覚悟と誇りを身につける教育が行われていました。

中高一貫公立校の疑問点

公立一貫校が一定の成功を収めるためには、このほかにも困難なハードルがあります。文科省の示した一貫教育には三つのタイプが示されていますが、それぞれに長所・短所が想定されています。一つ目は、中等教育学校です。その特徴は6年一貫のよさを生かし、個性的でゆとりあるカリキュラムが組める点です。その反面、6年を通して生徒の顔ぶれが同じになってしまい、中だるみするのではないかという声があります。

二つ目は、都道府県立や市立の高校に新しく中学校を併設するものです。中学校に入学するには試験に合格しなければなりません。中学校を卒業した後は、試験を受けることなくそのまま高校に進学できます。併設型は高校での生徒募集があるため、お互いが刺激を受け合いながら高校生活を送れるというメリットがあります。ただ、高校入学の生徒は中学入学の生徒と学力の差が開いている可能性があるので、クラス編成が難しくならないかという問題があります。最近は、中学・高校でクラス編成を完全に別にするケースも増えてきています。

三つ目は、市町村立の中学校と都道府県立の高校が連携する学校です。中学入学時は、中等教育学校や併設型のような試験はありません。地域によって異なりますが、高校へ進学する時に簡単な選抜があります。推薦枠などで優遇しているところもみられます。この場合、設置者の異なる中学校と高校がどこまで教育の連携を図れるか、といった問題があります。校長も違い、人事の事情も異なる組織の連携には多大な労力を要し、多くの課題が生じることが予想されます。

私立の一貫校に最も近い一つ目の中等教育学校という形態にすれば、前半の3年間修了時、学校側が生徒に進路変更を指導することはできません。ただし、生徒が他の高校に転出していくことは許されます。公立を一貫校とした場合には、中学校と高校のあいだの「調整」という措置を取れず、同一学校内での複合化や総合化の工夫だけで対応しなければならなくなるわけです。

中高一貫公立校は禁断の実⁉

1947（昭和22）年に学制改革の実施により、旧制中学校・高等女学校・実業学校がそれぞれ3年制の新制中学校と新制高等学校に分離されました。その際、①中学校は義務教育に組み込まれたこと、②かつての国民学校令で「義務教育は公立で実施すべきもの」との風潮が広く浸透していたこと、③1952年に制定された「義務教育費国庫負担法」が公立校のみに適用されたこと――などにより、私学の中には中学校部分を放棄せざるを得なかったところもありました。

そのなかで、建学の精神のもと、関係者の必死の努力によって中学校部分を維持し、高等学校との6年間の一貫教育を貫くことによって公立校との差別化を図った学校が、現在の私立中高一貫校です。

中高一貫教育を行う私立学校は、近年、人間教育や進学教育などの面で広く国民から支持されています。中高一貫公立校の導入は、こうした私学が長年試行錯誤しながら積み重ねてきた実績を、国が低迷の続く公立校の復権をかけた改革に利用した、と言われても仕方のないことだと思われます。

いずれにしても、公立の中高一貫校は今後、各分野で活躍する卒業生を輩出するなかで、独自の校風を醸成していくなど、きわめて長期的な視点で育てていく姿勢が求められることは間違いありません。目先の収穫を目指した短絡的な取り組みだとすれば、私にはうまくいくとは思えません。

5　公教育における公・私役割分担のあるべき姿

公立校と私学の相違点

公立校と私学の設立由来については、歴史的背景があり、ひと括りにして述べることはできませんが、公教育における公立校と私学の役割分担に関しては改めて原点に返ることが大切だと考えています。それぞれの本質的な役割を押さえつつ、将来に向けた役割を明確化していく必要があるでしょう。

まず日本の教育課程では、ナショナルカリキュラムと言える学習指導要領に則って、詳細に決められた学習指導が行われます。そのため、日本国中のどこでも、また公立・私学を問わず、条件によって教育内容が変わるわけではありません。

公立高校の場合、主に学力による入学考査に合格した者は、すべて受け入れなければならないために、教育方針・教育内容は限られざるを得ません。すべて公費で賄われて運営されているので、基本的にはだれでも入学できることが前提となる結果、当然のこととして平準化した教育を求められ、特色化と言ってもカリキュラムのうえでのみのものとなります。また、人間教育についても多様な考え方があり、個々に応えることは不可能なので、物の善悪・マナー・公共心等のだれにでも必要とされる平準化されたものにならざるを得ません。いわば、最大公約数の教育となるわけです。

これに対して私学は、創立当初より「建学の精神」を掲げ、「このような教育をします」「このような理想像を目指して指導をします」といった教育理念・方針を明確に示し、これに共鳴・共感する者が入学します。ここには一種の契約関係が成立すると言えます。私立学校は、公約とも言える理念を明文化した「建学の精神」に基づいた特色ある教育を展開し、これを生徒が身につけるように力を尽くします。教育の目的は、人格の完成を目指すものですから、私学の特色ある教育のすべては人間教育に関わるものです。各家庭には、家風があり家庭の方針があります。こういった人間になってほしい、こういう人格を育んでほしいということを、まず基本にして学校を選ぶのであれば、私学の顔ははっきりしていますから選択しやすいわけです。

私学は良き人格の育雛器《いくすうき》

社会的な役割をみると、行政は地域にあまねくサービスの提供を目指すため、民間の手が届かない場所を補完する義務があります。公立高校は教育委員会に属し、独立した存在とは言えますが、２０１４（平成26）年に仕組みが変わり行政の首長が教育長を任命し、その教育長が責任を負うかたちになり、以前より行政と教育委員会は密接な関係になりました。したがって、税金立とも言える公立高校は、遠隔地や僻地において教育サービスを提供することが求められます。また多くのマンパワーを必要とするため、私学にはできない来日外国人の言語からの教育や、特別支援学校の運営なども公立の役割と言えるでしょう。

私学は、人格の完成を目指す心の教育や宗教を通した人間教育、そして歴史的にみても、常に時代の先端を見据えた教育の開拓者としての役割を担うべきだと言えます。このほかにも、幼稚園・小学校・中学高等学校・大学と継続した多年度教育や、全国のみならず海外にまで目を向けた広域的教育等も実績のある学校が少なくない分野であり、私学の役割として挙げることができます。

このように、私学は良き人格の育雛器（インキュベーター）と言えます。そのため、親から子、そして孫まで同じ学校に入り、周年事業の折には「ホームカミングデー」が催され、「第二の心の故郷」を人格の基礎に持つことにつながるケースもみられます。

私学は学力の伸長だけでなく、「建学の精神」を踏まえ、それを具現化して心の教育に取り組み、豊かな人格の完成を目指しています。この点が、公立校と違う私学教育の大きな特色と言えるのです。

近視眼的な公立校の活性化策

現在の教育行政は、公立校の活性化を図ることで、少しでも低コストの教育を望む国民のニーズに対応しようとしているようにみえます。近年、公立高校教育改革と称して、以下に挙げるようなさまざまな施策が行われおり、私学を疲弊させる一因となっているのです。

・県立の中高一貫校が、贅沢な寮を設けて安価な費用を設定し、東京や大阪をはじめとする主要都市で出張入試を実施して全国から生徒募集を行っている。
・公立の専願推薦入試期日を私学に近づけ、出願締切日を私学の入試日（合格発表日）以前に設定し、入学者の早期囲い込みを行っている。
・複数志願制選抜を導入し、一度の入学考査で複数の学校あるいは複数の科・コースを希望して合格できるようにするなど、過度なセーフティネットを設けている。
・公立校の受験機会を多様化し、何回も実施することによって、確実に定員を確保するようにしている。
・旧ナンバースクールを6年制にし、受験指導に力を入れて名門復活を目指した学校運営を行っている。
・国公立の大学が附属の中高を設置し、大学に推薦枠のようなものを設定して競争力をつけようとしている。

公立高校生の約8割が授業料の無償化の対象者という環境のもとで、上記のような公立高校教育改革が行われているため、ほとんどの私学が多大な影響を受けています。地方公共団体の財政上難しいのであれば、せめて費用格差以外の制度においてだけでも、同じ土俵で競争できるように配慮してもらいたい、というのが正直な思いです。競争なくして発展は望めません。公私が切磋琢磨し、お互いに向上していける教育環境こそが、国民の利益になるのだと、私は確信しています。

長期的な視点に立った時、こうした近視眼的な対応は必ず行き詰ることになります。健全な公教育は、質の高い教育の提供なくして成り立たない——このことは公私ともに取り組むべき課題なのです。

重要となる公・私間の対等な関係構築

公・私間の対等な関係を構築する根幹は、私立高校の授業料無償化を実現し、保護者負担の軽減を図り、経済的な制約がかからない学校の自由な選択を保証することにあります。

公立高校の授業料無償化に伴い、2010（平成22）年度から私立高校に在学する生徒に対しても「高等学校就学支援金」が支給されています。この制度の基本は、年収を問わず生徒一人当たり11万8、800円（低所得者世帯には1・5～2倍の加算金）を授業料軽減用として都道府県を通じ学校設置者に補助し、その金額分の授業料軽減を図るというものです。これに対し、各都道府県が上乗せ補助を行ってきました。

２０１４年度には制度を改定し、支援金支給を年収９１０万円未満の保護者に制限するとともに、５９０万円未満の保護者の支援金を引き上げました。このことにより、制度の充実が図られた結果、都道府県のなかには先行的な支援等の役割が終わったとして、補助額を減じる対応をとったところも少なくありません。財政難の状況にあって、歳出削減努力が必要なのは理解しますが、まだなお大きな格差がある公・私間の保護者負担を考えれば、ぜひ再考していただきたい。この補助額の減少は、公立・私立の対等な関係を構築する姿勢からは大きく後退したものと言わざるを得ないでしょう。

一方、教員の基礎的な資質を高める研修という面においても、公・私間の対等な関係づくりが望まれます。公私に共通する課題・教科の研修については、公私を問わず必要なものと考え、公的な費用負担で行うべきだと思われます。そのためには、公的教育研修等が公私および校種を問わず計画的に実施されることが、公教育の質を高めていくなかで強く求められます。

私学のことは私学で、という発想は、公教育の視点からあってはならないことです。公教育の基盤強化に結びつく取り組みは、公・私間で差別することなく、広く門戸を開いて行う姿勢がきわめて大切と言えるでしょう。

「経常費2分の1」助成の実現

前述したように、私学助成については、１９７０（昭和45）年度に私立大学等経常費補助金の創設に伴い、高等学校以下の私立学校に対しても、都道府県において経常費補助が行えるよう、地方交付税により財源措置が講じられるようになった結果、格段の充実が図られました。

しかし、その後の物価の高騰や人件費の上昇による経常費の増大は、私学の自主的努力による収入の伸びを上回り、私学財政は支出超過が増幅する方向にありました。また、私学助成について法律の制定を求める声が高まり、１９７５年7月に議員立法というかたちで私立学校振興助成法が成立し、１９７６年4月から施行されました。

この法律は、私学振興助成について、国の基本的姿勢と財政援助の基本的方向を明らかにしたものです。私立学校が国の財政援助についての法的保障のもとに、教育条件の維持・向上などの努力ができるようになったという意味で、きわめて画期的な措置と言えるものでした。これによって、１９７５年度に創設された私立高等学校等経常費助成費補助金の法的根拠が整備され、学校法人に対する税制上の優遇措置など私学振興施策の充実が図られることになりました。

私学に対する経常費助成は、公費の平等配分の現実的なステップとして、とても大切になります。経常費助成費は、個々の学校法人の経営努力を加味しながらも、生徒・保護者の学費そのものにリンクしています。教育基本法および私立学校振興助成法では、「経常費2分の1助成」が謳われていますが、その実現には至っていません。

また、私学に子どもを通わせている保護者にとっては、その授業料と合わせて、税金として公立校に費用の一部を支払うという二重負担を強いられていることは、すでに述べたとおりです。この二重納税を排する特別措置を講じることは、今後早急に検討すべき課題と思われます。

公立高校入試制度の不公平

公・私間の対等な関係を構築する手段の一つとして、公立高校の入学者選抜制度の見直しも求められます。

兵庫県の例をみてみましょう。同県で採用されている複数志願選抜方法は、第1志望、第2志望のほかに「その他希望」が加えられており、生徒にとってほぼ100％の合格が得られています。2015（平成27）年度入試から学区が広がり、実際に定員を割ったその他校への通学が難しいことから、「その他校希望」は廃止されました。その代わりに、第2志望に限り「志願変更」が認められ、第1・第2志望までの学校に以前よりも確実に合格できる制度になりました。また、「行ける学校から、行きたい学校へ」という教育改革の趣旨により、第1志望受験者と第2志望受験者との合格基準を変えるために、第1志望に加算点が加えられました。これは、複雑な入試制度をより複雑にして、公平性の担保に不安は残るものの、定員を確保するために全員の合格を目指したものになっていることに変わりありません。

現在、複数志願選抜入試制度は、全国でも稀なケースとなっています。近畿圏の各府県をみても、過剰なセーフティネットは廃されており、兵庫県だけが堅持している状況にあります。複数志願選抜や志願変更を可能とする公立高校入試制度は、趣旨とは逆に、行きたい学校から行ける学校選択を余儀なくされるもので、早期に廃止すべきだと考えます。

この制度を利用して滑り止めで私立高校に入学する場合、第1志望校のみならず第2志望校にも受からず、最後は私学へ行かざるを得なかった、という過剰な劣等感を生徒に与えます。「行きたい学校」とは第1志望校だけであり、第2志望以降は「行ける学校」です。しかし、調整したうえでチャンスを得たにもかかわらず、「行ける学校」にも不合格となる可能性が、この制度にはあります。そこまで劣等感を増幅させる必要があるのでしょうか。

「行ける学校から、行きたい学校へ」と言うからには、行きたい学校に挑戦して失敗したのであれば、「こっちで頑張りなさい」と教師が言える入試制度でなければ駄目だと、私は思います。

「15の春は泣かせない」とは、かつて長期にわたって京都府知事を務めた蜷川虎三氏の言葉ですが、高校受験に失敗することが人生の失敗ではありません。たとえ受験に失敗したとしても、そこに至るあいだになされた努力は、必ず将来につながります。学校教育においては、自分が努力すればそれだけの成果が出る、ということをきちんと体験させるべきだと思います。一部の県で導入されている総合選抜や複数志願制度といったセーフティネットのきいた入試制度では、努力の如何にかかわらず進学できることを意味します。しかし、それでは、学校生活で最も大切な達成感や満足感を得ることはできないのではないでしょうか。

一方、入試日程についても不公平が存在しています。兵庫県では、3月の一般入試に先立って、専願制による推薦入試、それに準じる特色選抜入試が2月に行われており、出願日が私立学校入試日より1週間程早く設定されています。このため、私立学校併願者には、推薦が得にくい状況があるなど、推薦等入試受験者約1万4、000人を対象に早期囲い込みされている状況にあります。

公立高校は、推薦入試や特色選抜入試を早期に受け付け・締め切りし、併せて私立高校合格者の入学を事実上、阻止しています。このような早期囲い込みは、公・私間の対等な関係を構築するうえで改めるべき課題の一つではないでしょうか。

公私収容バランスの見直し

従来、公私収容比率と言われてきた問題に、公立校・私学の生徒収容数のバランス問題があります。私学にとっては、生徒収容対策の根幹の一つであり、経営上重要な指標・課題となっています。

たとえば、兵庫県では、１９７２（昭和47）年2月、直面する高校生の急増問題の対策を協議するため、県・市・私学・学識者による「兵庫県高等学校急増・減対策協議会」が設置されました。ここでの協議の結果、公私収容比率を公立68％：私立18％（分母：国・公立中学校卒業者数、分子：公立募集定員数・私学入学者数）とする申し合わせを行いました。

２００２（平成14）年以降は生徒数の安定期に入り、急増・急減対策を協議する必要はないとの理由から、協議会は開催されていません。２００８年10月には協議会を解消し、新たに〝急増・急減対策〟を名称から外した「兵庫県公私立高等学校協議会」が設置されました。しかし、同年度に本会議1回・幹事会3回が開催されたものの、翌２００９年度以降、２０１３年度まで幹事会が年1回開催されるのみで、本会議は開催されていない状況にあります。

一方で、公私収容比率の分子が「公立入学者数」にすり替わり、公私収容比率の68：18に「おおむね」という言葉が付加され、±０・４％は許容とされるとともに、「県外流出対策との名目で公立高校の比率を１・３％引き上げる」として、公立高校の収容定員を上乗せし、検証のないまま今日に至っています。

公私収容バランスの決定方法は、全国47都道府県を類別すると、およそ八つに分類することができます。収容定員だけを取り上げると、私学に最も配慮している県は、私学の募集定員を設定してから公立の定員を決める滋賀県と長野県などです（図表19参照）。

全国の私学団体の中には、私立高校の充足率１００％を超えている県もあります。この私立高校の充足率１００％の実現を全国レベルで目指し、公私が協調することにより、公立高校が募集定員数を定めることが望まれます。

いずれにしても、社会構造が大きく変化したことから、今後の学校教育における公私の適正なあり方として、まず私立高校の入学者数を視野に入れた後、公立高校の募集定員数を策定するように改め、公私収容バランスを適正に維持するようにすべきだと考えています。

図表 19　全国の公私収容バランス（比率）の決定方法

① 公立の募集定員は、全日制の予想進学者数から協議の上、決定した私立の定員を減じた数としている。	長野県、滋賀県
② 私立高校の最大許容定員を決め、各校がその範囲内で申請し、私学協会が調整する。	茨城県、神奈川県
③ 比率は学区別又は他区別に定める。	北海道、京都府（北部・南部）、鳥取県
④ 公立の入学定員を中学校卒業者の□%と決め、私立の入学定員は、特に制限を設けない。	群馬県
⑤ 毎年度　協議会で公私比率が確認される。	埼玉県、福井県、岐阜県、静岡県、三重県、宮崎県
⑥「一定年度間内は一定の公私バランスを守る」としている。	青森県、宮城県、富山県、東京都、奈良県、兵庫県、島根県、岡山県、香川県、福岡県、佐賀県、熊本県、大分県
⑦ 取り決めている。	福島県、愛知県、愛媛県
⑧ 取り決めていない。	岩手県、秋田県、山形県、新潟県、栃木県、千葉県、石川県、山梨県、大阪府、和歌山県、広島県、山口県、徳島県、高知県、長崎県、鹿児島県、沖縄県

注：2014 年度調べ。

第6章 日本の教育が目指すべき道

1　求められる〝低予算・高品質の公教育〟

❶……急務となる民間活力の活用

第5章でみたように、今後の人口減・少子高齢化や、国や地方自治体の厳しい財政見通しを踏まえると、限られた財源を有効に活用することで効果を最大化する予算配分が、一段と強く求められてきます。これまでの配分のやり方を今後も踏襲すれば、近い将来、財政が成り立たなくなることは明白です。

そのなかで、規制緩和と民間活力活用に向けた取り組みがキーワードになることは間違いないでしょう。１９８０年代において、中曾根内閣が日本国有鉄道（国鉄）、日本電信電話公社、日本専売公社などの民営化に取り組みました。それぞれＪＲグループ、ＮＴＴグループ、日本たばこ産業（ＪＴ）となり、それまでの〝親方日の丸〟的な体質が一新されました。また、２００５（平成17）年には、小泉内閣が郵政民営化への道筋をつけました。採算性という名のもとに弱者切り捨てが行われた側面もあったかもしれませんが、国家財政の健全化、効率化によるサービス向上が実現されたことは評価すべきだと考えます。

公的支出の大幅増が期待できない見通しにあるなか、教育の分野においても、従来の発想を大きく転換していく必要があります。しかし、他の分野と同じように、単純に市場原理を導入しさえすればいい、というわけにいかないのが学校教育です。なぜならば、これまでみてきたように、学校教育には「公教育」としての明確な位置づけがあり、この原則に基づかないような安直な市場原理の導入は、さまざまな弊害をもたらすからです。また、学校教育は、弱者切り捨てが絶対に許されない分野でもあります。

前述したように、公教育を担う私学は、原則として学校法人という特殊な法人のみが運営できるよう法律で規定されています。「公共性」の確保です。学校法人が解散した場合、残余財産の恣意的処分の防止が図られるなど、他の法人以上に厳しい法的規制がかけられているのは、そのためです。そして、この「公共性」の確保は、学校教育において永続的に守られねばならない絶対条件の一つであると、私は考えています。

❷……教育分野における市場原理主義導入の是非

公立校「民営化」の動き

しかし、上記の原則があるにもかかわらず、日本ではいま、学校教育の分野においてさまざまな規制緩和を模索する動きが活発化しています。その一つが、すでに幼稚園や保育園でみられる「公設民営化」です。愛知県立の愛知総合工科高校に民間が運営する専攻科を2017（平成29）年4月に設置する予定があるなど、一部の特区において公立高校の「民営化」が具体的に計画されています。

その背景には、2013（平成25）年10月、日本経済再生本部会合において、自治体が委託料を払い、民間の予備校や塾、企業、NPO法人などに公立校の運営を委託する「公設民営」が正式に決定したことが挙げられます。日本初となるこの公設民営学校を開始すれば、公立と同レベルの安い学費で子どもたちに多彩な教育を受けさせることができる。また、塾や予備校などの民間側は、自分たちで土地や建物を用意する必要がなくなり、より少ない費用で教育を行えるというメリットがある、というわけです。

一方で、この公設民営は小泉政権時代、「郵政民営化」と並ぶ改革の目玉として取り上げられていました。しかし、当時の文部科学省は「民営では倒産のリスクがある」「教育の質が低下するのでは」などの理由から、難色を示したのです。過去に一度見送られた経緯のある政策が、懸念事項が解消されないまま、いまなぜ行われるのか、という疑問の声も少なくありません。

公設民営の設置に手を挙げているのが大阪市です。同市では国際的な大学入学資格が得られる「国際バカロレア認定の中高一貫校」「英語や理数教育に秀でた中高一貫校」「複数の市立小中一貫校」などを数年以内に開校したいと考えています。

国際バカロレアとは、１９６８（昭和43）年、チャレンジに満ちた総合的な教育プログラムとして、世界の複雑さを理解して、そのことに対処できる生徒を育成し、生徒に対し、未来へ責任ある行動をとるための態度とスキルを身につけさせるとともに、国際的に通用する大学入学資格（国際バカロレア資格）を与え、海外留学へのルートを確保することを目的として設置されました。現在、認定校等は16校存在しますが、国は２０１８（平成30）年までに２００校まで増やすことを目標としています。

しかし、国際バカロレアの理念を実現するためには、さまざまな難問が山積しています。たとえば、カリキュラムに対応した教員を育成する手立てがきちんと確立されておらず、現実には認定校でも試行錯誤のなかで運営を摸索している状況です。

もう一つの問題は、２０１３年度より、国際バカロレアのディプロマプログラム（ＤＰ）において、経済・地理および歴史・生物・化学および物理・数学ＳＬおよび数学ＨＬ・音楽および美術等の科目を日本語でも実施可能にする取り組みに着手したことです※1。その結果、日本の学校にとって、それぞれの実情に応じたＤＰの導入が可能となりますが、一方で学習指導要領との整合性をどのようにとるのでしょうか。また、日本語ＤＰを導入した場合、海外留学のためにはＴＯＥＦＬ等の英語能力の4技能を測定できる外部試験を活用しなければならず、国際バカロレアのメリットが半減し、その存

※1 所定のカリキュラムを2年履修し、最終試験に通れば国際的に認められている大学入学資格（国際バカロレア資格）が与えられる。

在価値に疑問が出てきてしまいます。

このように、国際バカロレアが今後どのような方向に進むのか明確でない点が少なくなく、教育現場の混乱を招く要因になりかねないように思われます。

学習塾への委託授業

東大阪市は、民間団体である公益社団法人全国学習塾協会へ委託し、「学力向上ゼミ」という授業をすでにスタートさせています。これは市内2カ所にある青少年教育センターの事業として2010（平成22）年に始まったもので、同協会の会員塾から講師を派遣して小学6年生には算数を、中学生には英語と数学の授業を毎週土曜日に1時限ずつ実施するものです。現在では対象学年を小学4年生にまで広げ、会場も3つに拡大しています。

塾と学校が連携している例はほかにもあります。たとえば東京都足立区の教育委員会は、区内全37校の区立中学校3年生約5、000人のうち、成績上位で学習意欲も高いが、経済的理由などにより塾等の学習機会の少ない生徒100人を対象として、「足立はばたき塾」を2012年度にスタートさせました。これは進学塾・早稲田アカデミーの講師が、土曜日や夏休みに区の施設を利用して英語と数学を教えるというもので、委託料約2、500万円（2013年度）は区が肩代わりし、生徒は無料（一人当たり38万円を使用）で授業を受けることができます。

しかし現実には、初年度に申し込みを行った生徒126人のうち、合格者は86人（不合格者40名）にとどまり、不合格の理由を「進学のレベルにない」として学力診断テストの結果で振り分けられました。「経済的に恵まれない子どもの進学支援」と言いながら、実際には教育の機会均等の原則を無視したものとなっており、公教育に新たな競争と差別をもたらしている、と言っても過言ではありません。

海外における公設民営化

海外に目を向けると、公設民営化は米国や英国では一般的に取り組まれています。米国には、州や市の許可を得て、民間団体や保護者らが運営する「チャータースクール」という公設民営学校があります。2011（平成23）年末時点、チャータースクールをはじめとする公設民営学校は米国に5、714校あり、児童・生徒の約3・5％にあたる194万人ほどが通っていると言います。

しかし一方で、州や学区とのあいだで結ばれる契約内容（一定水準の学力の確保等）を遂行できないチャータースクールは契約を取り消され、閉鎖されるため、教育的混乱が起きているケースも少なくありません。また、学校運営費として政府から支給される公金の不正使用や、十分な資格・専門性を有する教員が確保できないといった問題もみられます。

　このほかにも、制度運営上の問題として、教員間あるいは教員—保護者間に教育方針・役割分担等に関する考え方の相違の発生、チャータースクールに既存の公立校から生徒が流出する際、州補助金の配分額を巡って摩擦が生じやすい、人種差別など公平性が欠如するなど、否定的な声を挙げる人も少なくありません。

　米国では、1990年代において、公費としての教育費の一部または全額をバウチャー（証票）化し、その使用を教育サービスの需要者である保護者に委ねる教育バウチャー制度を導入する動きが活発化しました。これは、教育費の使用を保護者に委ねれば、自らの意思と必要性の範囲のなかでの最高のものを指向することから、学校ではそれに見合う教育を提供する競争が起こる。保護者はさまざまな学校のなかから自ら最適のものを選択する一方、学校はより多くの需要者を獲得することによって、より多くのバウチャーを得て収入増を図ることができる——という仕組みです。

　選ばれなければ補助金が出ないため、サービス提供側は必死に営業することになる——政府はこの利点を生かすことでサービスの質を高め、公的部門のてこ入れを図るとともに、国民の選択肢が増えることを強調しました。しかし現実には、バウチャーだけでは足りないため、差額を自己負担できる経済力のある子どもだけがメリットを享受でき、経済的に余裕のない子どもは公立校を選ばざるを得ないケースが少なくありませんでした。その後も試行錯誤を繰り返した結果、現在では、一部の低所得者家庭を中心に実施されているに過ぎないようです。

株式会社・ＮＰＯ法人立学校の動き

日本では、株式会社の学校経営への参入を許容する動きも活発化してきました。

小泉内閣が推進した構造改革特別区域（特区）法の一部改正（２００３〈平成15〉年10月施行）により、特区の認定を受けた地方公共団体では、学校法人だけでなく、株式会社やＮＰＯ法人も学校を設置することが可能になりました。これを受けて、２００４年から２００９年春までに、全国で高等学校21校、中学校１校、小学校１校が設置されています。

この株式会社・ＮＰＯ法人立学校では、既存の学校とは異なり、カリキュラムを自由に組んで特色を打ち出すことができたり、校舎や運動場等の施設についての条件が緩かったりするなどの利点があります。その一方で、私学助成金が受けられないほか、学校法人には認められている寄付金の税制上の優遇措置がないなど、財政的に不利な点も存在しました。このため、当初は株式会社立で開校したものの、後に学校法人に転換した朝日塾中学高等学校（岡山市）、株式会社立で開校したＬＣＡ国際小学校（神奈川県相模原市）、フェリーチェ玉村国際小学校（群馬県佐波郡玉村町）という計３

校を除いて、株式会社立の学校の形式は通信制高等学校のみとなっています。

これらの通信制高等学校でも、前述の財政的な不利もあって約4割が赤字経営を余儀なくされている、と言われます。通信制高校ゆえに、特区認定を受けた学校へ登校する生徒が少なく、また地域おこしとしての効果も限られたものとなっています。

こうした結果を受けて、政府は株式会社・NPO法人立学校を全国で解禁することを見送り、条件が揃った既設校は希望があれば学校法人へ移行できるよう支援することとしています。

市場原理主義導入の危険

あらゆる企業がさまざまな形で公教育にビジネス参入してくれれば、確かに「特色ある学校」の実現には寄与するかもしれません。しかし、それは子どもたちにとって望ましいことなのでしょうか。公教育とはそういうものであってよいのでしょうか。

問題は何を改革し、何を守っていくべきかにあります。最後まで守られるべきは、「教育の機会均等」という原理です。これだけは絶対に譲れないものです。そのうえで、何を改革すべきかについて、広く衆知を集める必要があります。

市場主義的な教育改革は、二つの大きな矛盾を抱えています。一つは、国民の要求に応えるといっても、公共性という限界があることです。いったい教育を市場主義に任せて、社会の平等や公正さを目指す教育を実現できるのでしょうか。

全国各地で目立つ公立高校の進学機能の復活に向けた動きは、学歴に執着する一定層の要求には応え得るかもしれません。「競争力」を持った者たちにとって、私立と公立の選択肢が広がることは好ましいことでしょう。しかし、親の経済力や教育的関心の弱い「競争力」のない子どもたちにとって、そのような改革が進むことは、学校教育からより脱落しやすくなることを意味するかもしれません。

同時に、公立校が担う最大の使命が「教育の平準化」であることも、決して忘れてはならないことです。そして、その教育とは、単なる受験教育ではなく、広く人間教育を意味します。仮にこの部分について、学習塾をはじめとする民間に委ねたほうが好ましい、というのであれば、それこそ既存の学校教育そのものの否定につながりかねないのではないでしょうか。

もう一つの矛盾は、「文科省―教育委員会―学校」という従来から続いてきた仕組みのなかで、新たに自由化を進めていくという矛盾です。この管理体制は、日本の近代化の過程において、教育の普及に大きな役割を果たしました。しかし、同じ体制のもと、国民の要求に応えた改革を実現することは難しいのではないでしょうか。

❸……公教育拡充策としての私学振興こそ最高の解決策

学校教育は、他の分野はもちろん、学習塾など他の教育機関とも一線を画す存在です。そこには、単に学力の向上を図るだけでなく、礼儀をはじめとした躾、協調性や誠実さ、根気強く取り組む強い心、思いやりや優しさといった人間性を磨くことも含めた「教育」が求められています。

確かに、大手予備校などにみられるテレビ録画による授業システムは、テクニックや知識を教える教育としては合理的なのかもしれません。しかし、小中学校はもちろん、きわめて多感な時期に当たる高等学校の教育は、毎日の学校生活を通じて、教員が背中であるべき姿を示しながら、人と人との直接的なコミュニケーションのなかで行われることがきわめて大切だと、私は思っています。それが、「公教育」を担うということなのです。

そして、国も地方公共団体も想像を絶するような財政難に直面する時代が確実にやってくるなかで、質の高い公教育を維持・発展させていく方法は、既存の教育資産、とりわけ私学を最大限に活用すること以外にないのではないでしょうか。

まず民間活力の活用については、少子化を背景として学校教育の市場が確実に縮小し、現在の公立校・私立校だけでも供給過剰の状態になる、という現実を無視したものだと思います。歴史と伝統を持った私学という学校教育におけるプロフェッショナルが存在するにもかかわらず、学校法人を法制化した際の理念を押し曲げてまで、新たに民間の血を入れる、という意図はどこにあるのでしょうか。

私学は毎年、入学試験というリトマス試験を通じて、保護者や受験生たちから一定以上の支持を受け続ける一方、少子化という厳しい条件下にあって、経営努力を継続しなければ、市場から「退場」させられる立場にあります。仮に教育の質が低下すれば、その影響は生徒募集に反映されます。また、身を削る努力を怠れば、少子化で収入が漸減するなかで安定した経営を続けることはできません。

一方、既存の教育資産である公立校については、前述したように、収入が保証されているという意味でどうしても保守的な運営がなされやすく、教育の質に目が行きにくくなるのが現状ではないでしょうか。私学を教育資産として活用する一方、公立校は教育の平準化の維持・拡充、そして採算性から私学がカバーできない地域・分野のサポートを最優先したうえで、不要となる部分について統廃合を行うことが基本である、と私は考えます。もちろん私学においても、それぞれの建学の精神のもと、時代のニーズへの対応（迎合ではない）も含めて、常に進化する姿勢を忘れれば、市場からレッドカードを突き付けられる可能性もあるでしょう。

2 「国家百年の計」――ブレない独自の教育行政を

迷走を続ける日本の教育行政

戦後の日本における教育行政を振り返ったとき、果たして信念に基づいた一貫性のあるブレないものであったかと問われると、大いに疑問を感じざるを得ません。そこでは、長期的視点に立った国家戦略の欠如が浮かび上がります。

江戸期には、寺子屋も含めた学校教育の使命として、「一人前の人間」に育てる、という共通課題がありました。明治維新以降は、「富国強兵」「殖産興業」という国策のもと、国民の教育水準の向上を図る学校教育が展開されました。

しかし、戦後の教育行政は、教育行政の民主化、地方分権、一般行政からの独立などを基本原則として出発しましたが、これらはいずれも「米国教育使節団報告書」によって指示されたもので、教育全般と同じく教育行政についても占領国・米国のやり方を全面的に取り入れた、ということができます。

そして、高度成長期から今日に至るまで、日本の教育行政は迷走を続けることになります。英国教育のその場しのぎの模倣、学力偏重主義とその反動的施策の導入です。具体的に言えば、学校群制度や大学入試統一試験制度の導入、ゆとり教育の採用、個性を生かす教育、公立高校における特色づくり、英語教育の強化、道徳教育の再導入――などです。

たとえば、ゆとり教育は、詰め込み教育の反省を受けて、生徒自身が自分で物事を考える力、生徒の自主性を育てることに重きを置いて導入されました。そして、それぞれの学校が創意工夫によって独自の学習カリキュラムを組み、バラエティに富んだ学習機会を生徒に与えようというのが、総合学習の狙いでした。こうした発想そのものは、否定されるべきものではない、と私は思います。それでは、何が問題だったのでしょうか。

その答えの一つは、上記の目的を実現するための環境がほとんど整備されなかったことです。「考える力を養う」教育のためには、既存の学校内の教育資源だけで対応することは難しく、地域社会を巻き込んだ協力体制が不可欠でした。しかし現実には、お題目だけが独り歩きするかたちで、机上のプランに終わってしまったように感じられます。

もう一つは、詰め込み教育の反省という場当たり的な発想ではなく、その反省を踏まえて、30年後、50年後の日本社会を見据えた〝育てるべき人材像〟を明確にするプロセスを欠いていたことが挙げられます。これこそ、国家戦略とも言えるビジョンの欠如が問題と言えるのです。

現在、文科省が強力に推進しようとしている英語教育にしても、あるいは安倍政権のもとで重視されている道徳教育にしても、その先の〝育てるべき人材像〟を明確化し、教育の現場が十分に対応し得る環境を整備することが、何よりも大切になります。

このように、短期的視点によるその場限りとも思える対応を繰り返すなか、結果として迷走が続いているのがいまの状況ではないでしょうか。将来の日本の国家像を見据え、そのために必要な人材を育成するという視点で、一貫した教育行政を展開すべきなのです。

長期的な国家戦略の必要性——海外事例も交えて

近年の日本の教育行政は、英国をはじめとする先進国の教育制度を模倣するケースが少なくありません。それでは、先進国の教育行政とはどのように取り組まれているのでしょうか。

英国では、1980年代のサッチャー改革以降、政権交代下でもブレない一貫した教育行政が行われています。そこでは、「個を伸ばす教育（自由放任）」と「平準化した教育（一般大衆レベルにおける教育水準の底上げ）」の狭間のなかで、「平準化した教育」の確保こそが、長期的視点において経済活性化、国の成長・発展に不可欠である、との認識・判断がありました。

サッチャー政権（保守党）による教育改革の主な内容は、①全国共通のカリキュラム（ナショナル・カリキュラム）と統一学力テスト（ナショナル・テスト）、②統一学力テスト結果の公表および親への学校選択権の付与、③学校の自治の保証（地方教育局の権限を弱める目的も）、④学校査察機関の設置（1992〈平成4〉年に開設された教育水準局：2年以内に成績向上がみられない〝失敗校〟に閉鎖命令）――です。当時の英国は「英国病[※2]」の真っただ中にあり、経済の停滞が著しく、街には失業者があふれ、若者たちも気力を失っていました。停滞の原因が、子どもたちや若者の「学力低下」にある、と考える社会的な風潮が強く、教育改革が望まれていたのです。

この改革路線は、政権与党が変わっても引き継がれました。労働党のブレア首相は就任時、「（政権の重要課題は）教育、教育、そして教育」と述べ、教育の重要性を強調しました。さらに、それまでないがしろにされてきた幼児教育の充実に力を注ぐ一方、義務教育に関してはサッチャー改革の柱をすべて維持しています。ブレア政権を引き継いだブラウン内閣（2007～10年）も、教育重視の姿勢を示し、教育・訓練を重要課題として教育改革を継続しています。ブレア＝ブラウン両政府を通じて、教育へのアクセスの改善と質の高い教育機会の提供が目指されたのです。

結果として、英国における教育改革は、①義務教育期間中の子どもたちに教えるべき内容の明確化、②教育の透明度向上、③学校の自治の保証――などの成果がもたら

※2
手厚い社会保障制度と基幹産業の国有化等の社会主義的政策を背景に、1960年代の英国が陥った経済成長の停滞、企業の生産性や国民の勤労意欲の低下などの現象。

され、「平準化した教育」という目標は一定レベル実現できました。確かに、子どもたちの思考力や表現力、読解力など学力の大切な部分の低下を招くなど、厳しい評価も一方でみられるものの、「英国はサッチャー教育改革を一度は経験する必要があった」という声は決して少なくないのです。

日本独自の創造性豊かな教育の構築を

教育とは、一朝一夕で成り立つものでは決してありません。教育とはかつて家庭内で行われたものであり、何代もの世代を経ながら、その家の家風というものが生まれ定着したのと同様、長い年月をかけて初めて成果を表すことができます。強制によって生まれるのではなく、一人ひとりの心のなかで醸成されるものと言えます。学校も同じで、毎日校門をくぐり学校生活を送ることによって、校風に触れ自然に感化され、人格の形成に大きな影響を及ぼすわけです。このように校風は、歳月を重ねるなかで創り上げられるものであり、卒業生や在校生、それに教師がかかわり創造される「学校文化」とも言うことができます。

私は、教育の大きな役割の一つに「文化の伝承」があると考えています。日本人の精神文化として、「誠実」「勤勉」「質素」「惻隠の情」などをあげる人は少なくないでしょう。そうした心を持って生活していた様子は、第一章で取り上げたように、外国人が日本社会の状況を綴った文章からも見て取れます。この日本人のアイデンティティを形成する精神文化は、教育によってこそ育まれるのです。

日本という国が、今後も発展・成長を継続していくうえで、欠かせない人材とはどんな人材なのか。そしてこれからの国際社会にあって、平和で安定した環境を創り出すためには、どのような人格が育まれるべきなのか。そうした教育の基本理念と、国家としてのブレない取り組みの積み重ねが、いま求められているのです。

その意味において、前述したように、私学はそれぞれの目指すべき基本理念として「建学の精神」を定め、それに則り、時代の変化に対応しつつ、その理想の実現を目指してきた歴史を持っています。教育行政の影響から一線を画してきた私学だからこそ、蓄積できたきわめて貴重な教育資産が決して少なくないことは注目に値します。教育行政に大きく左右され影響されてきた公立校は、私学と比べこうした資産が比較的少ない、と言わざるを得ないのではないでしょうか。一方で公立校は、平準化によって国民の教育水準を維持・発展してきた役割において、我が国にとって大きな貢献をしてきました。

これからの公教育は、公立校と私学がそれぞれの役割をしっかりと踏まえ、共に支えていく環境を整えることが大切です。そのように考えると、国民の選択肢として公立・私立の別なく、進学先を決定することのできる制度設計が必要となります。向上心を持った意欲のあるものが、経済的な理由から進路選択を制約されるようなことは、決してあってはならないのです。

教育は個人にのみ還元されるものではなく、社会の発展・成長につながるものです。この観点から、社会全体で一人ひとりの教育を支える仕組みづくりが早急に求められます。

終　章

教育の力、私学の力

現在、私学が直面する課題を考えると、次の三つにまとめることができます。一つは、私学の存在意義とも言える「建学の精神」に基づく教育のさらなる深化と発展です。二つ目は、その「建学の精神」を踏まえ、各方面の方々も吸収しながら、これからの社会が必要とする幅広い人材を育成するために、しっかりとした仕組みづくりに取り組むことです。そして三つ目は、生徒数も含めた公私の役割分担の見直しです。

まず私学は、創立時に「このような人格教育を行う」「このような人材を育成する」というように、教育の目的や理念を謳った「建学の精神」を掲げます。これは、社会に向けた宣言であると同時に、約束でもあります。この「建学の精神」、すなわち学校の教育理念・教育方針に共感して、保護者や子どもは学校を選択し入学します。ここには一種の契約関係が成立し、学校は「建学の精神」に基づいた教育活動を通じて、その実現に向けて全力を尽くさなくてはなりません。また保護者は、その学校の方針に沿って協力する責任を負います。この任意の契約関係が、しっかりとしたものになればなるほど、教育効果が高まることは言うまでもありません。

教育は、カリキュラムに則って計画的に行われるものですが、その裏に隠れたヒドゥン・カリキュラム[※1]（hidden curriculum）というものが存在します。私学の場合は、「建学の精神」に基づいた教育環境において、教師や生徒が醸し出す空気感・雰囲気が、長い時間を経て校風となり、その環境に身を置くことにより自然に感化され、人格が

※1
教育する側が意図するしないにかかわらず、学校生活を営むなかで、児童生徒自らが学び取っていくすべての事柄。教育学者のフィリップ・W・ジャクソンが提唱し、米マサチューセッツ工科大学のベンソン・シュナイダーの著作『The Hidden Curriculum』（1970年）により広まった。

高められるような教育効果をもたらすのです。唯一無二の「建学の精神」を深化・発展させ、教育に反映させることによって、他にない特色が生まれ、校風を醸成して魅力ある私学になり得るのです。

公立校は、一部の伝統校を除いて、地域の人口増加や交通事情の変化から行政的に必要に応じて新設されたものです。教師も定期的な異動があるため、校風といったものがなかなか育ちにくいのが実情です。そうなると、カリキュラムによって特色化を図ることになります。そこでは、数字や文言で表した計画的な教育活動は行われますが、私学のように制服を着ていなくてもなんとなく校名が分かるような人格は、どうしても育みにくいと思われます。

二つ目に私学は、「建学の精神」の〝不易〟な部分で人格教育を行い、時代に沿った知識やスキルを身につけるための〝流行〟を取り入れバランスのとれた教育をしなければなりません。歴史をみても、多方面において、進取の精神をもって時代を切り拓いた多くの人材を輩出してきました。これは、私学が、社会の要求に応じて、多様な「建学の精神」に基づいた幅広い教育を展開してきたからです。

宗教や躾をとおした人格教育、音楽をはじめ芸術を通じて行う情操教育、技能を身につけさせる実学教育、さらに理数や英語に特化した教育等は、すべて私学がこれまで先駆けて取り組んできたことです。現在、宗教教育以外は公立校が後追いして、これらの教育のための科・コースを設置し実施しています。

これからの私学は、教育の同じ分野に公立校が参入してきたため、組織力・資金力において圧倒的なガリバーのような相手と厳しい競争を余儀なくされます。そこで重要となるのは、教員の資質を向上させることです。教育は社会に還元されるものであるとの観点から、公・私の区別なく「公」でその機会を設けることが当然だと考えます。また、私学間において多くの情報を共有し、教育の充実を図る必要もあります。公・私間の協力関係を築き、私学間の協調体制をさらに強めることが、教育力の向上につながるのです。

三つ目に、教育は長期的な視野をもって展望するものです。「50年先を見て木を植え、100年先を見て人をつくる」と言いますが、現実は果たしてどうでしょうか。第4章において、2050年の日本社会における公教育について考えましたが、社会構造が大きく変化するなかで、それらに対応して適切な対策を講じなくてはなりません。すべての人々が、少しでも自分に痛みを伴うことを避けようとするのではなく、現実をしっかりと見据えて将来の社会を展望し、明るい未来を創造する次代の担い手を育成するべく、教育のあり方を考えなくてはなりません。

地方公共団体のほとんどは「三割自治・四割自治」と言われ、歳入の半分以上を国からの国庫支出金や地方交付税交付金で賄っています。そして、国も地方公共団体も今後一段と財政難になることが予想されるなか、現在の公・私間の生徒数比率を前提とするのでは、日本の将来を担う子どもたちにより多くの借金を背負わせることになります。比率を変えることによって国や自治体の財政負担を軽減するとともに、誰もが経済的な事情にかかわらず、公平に教育が受けられるような新たな制度設計を行うことが必要です。

また、公・私間の授業料格差を緩和すると同時に、入試制度についても見直し、公立と私学が、教育という同じ土俵の上で競争することのできる環境を整備することが大切になります。地方によっては、公立校の入試で過度なセーフティネットを設けて、安心安全を強調したような制度を導入しているところもあります。公が有利な制度設計をして、民間を圧迫して競争の原理を阻害するようなことは、決してあってはなりません。お互いが切磋琢磨し向上することのできる環境こそが、健全な教育環境と言えるのではないでしょうか。

これからの公教育は、公立と私学がともにそれぞれを補完し合い、効率的で効果のある社会資産でなければなりません。公立と私学は、教育の歴史を振り返っても分かるように、発足の目的がまったく違います。現代において、初等中等教育の公立校は、国民に平準化した教育をあまねく付与するために設置されました。私学は、創立者が思いを抱き志をもって、次代を担う人材を育成するために設立されました。あるものは私財を投げ打って女子の教育の機会を設けるために、また教会では信者が少ない生活費を切り詰め、それを持ち寄って全人教育のために、商店街では店主たちが街の発展のために、それぞれ覚悟をもって創立したのです。さらに、教育の内容はもとより、就学者に対して学校数が不足し教育機会の十分な提供が厳しい時代にあっても、私学は公立を補完し、社会に貢献してきました。

近年では、私学に対する評価が高まるなかで、これまで私学が担い先導してきた特色教育を公立校も採り入れる、「公立の私学化」が進んでいます。本来の公立の役割である、平準化された教育のあり方を検討し、効率的な社会資産としての公・私のバランスのとれた、公教育を創造しなくてはなりません。

教育は、時代がどのようになろうとも、環境がどのように変化しようとも、〝不易〟の部分をしっかりと見定めなくてはなりません。ともすれば、人は〝流行〟にばかり目が行きがちですが、いまの時代はむしろ、何を残すべきかを考えることが大切ではないでしょうか。

公教育という傘の下で、公立と私学が協調し高め合うことが、子どもたちの将来を明るく照らし、そのことが日本の未来をも照らす灯火になることを願っております。

跋　文

現在、我が国の教育は岐路に立っているといっても過言ではありません。少子高齢化の拡大の一途を続けるグローバル化の流れと、一方で、先行きの見えないなかで、われわれ教育関係者は右往左往している、というのが現実ではないでしょうか。

学校はこれからの人材をどう育てるのか？　そもそもこれからの人材とは何なのか？　教育は何を目指すべきなのか？　教育の役割は？　そのなかで私立学校教育の役割とは何か？　さらに言えば、グローバル化していく社会のなかで、教育に何ができるのか？　今後、我が国は世界でどういう役割を果たせるのか？　われわれは、日本人というアイデンティティをどのように活かし、受け継いでいくべきなのか？

——等々、教育関係者の悩みは尽きません。

本書では、課題が山積し視界不良のこの時期に、あらためて私立学校の観点に立って、教育の歴史と現状、現行制度とそのあるべき姿、来たるべき社会のなかで私立学校が目指すべき方向や果たすべき役割などが、俯瞰的かつ立体的に検討されています。なかでも、主に中等教育について、現在に至る経緯を丁寧に検証したうえで、現行制度の問題点と対応策を示していますが、このような文献は他に類を見ないものです。

著者の摺河祐彦先生は、ご自身の学校の運営にとどまらず、地元兵庫県における私立学校のリーダーとして、また、私ども日本私立中学高等学校連合会の中心メンバーのお一人として、私立学校の振興発展のためにご尽力いただいています。先生は、このようなご多忙な日々にもかかわらず、大学での講義を続けられ、ご自身が地道に進められた研究の成果とさまざまな経験とを結実させ、本書『教育の力、私学の力』を著し、その教育と私立学校の存在意義などに対する熱い思いを込められたものと思います。

私自身、本書を読ませていただき、教育は人を対象とし、しかも成長途上の人を対象としているからこそ、いつも根底には「心」があり、なかでも私立学校には、「建学の精神」という太い心が原点にあることを、あらためて確認させられた気がいたします。

本書をお読みいただいた皆さまにおかれましても、新たに私立学校の魅力を知るとともに、これからの教育や社会のあり方を考えるヒントを得られることができるものと確信しております。

今後も、私立学校関係者に限らず、多くの教育に関心のある皆さまにお読みいただきたいと願うとともに、摺河先生の益々のご活躍を期待しております。

日本私立中学高等学校連合会 会長 吉田 晋
（富士見丘中学高等学校 理事長・校長）

教育年表

＊太字部分は私学に関する記述

602		百済の僧・観勒が来日。暦法・天文・地理・遁甲・方術の書をもたらし、書生たちが学ぶ 組織的な教育の始まり。
671		百済人の鬼室集斯が学職頭に就任、庠序（学問所）を設置（学校制度の前身）
701	（大宝元）	日本初の本格的官吏養成機関（大学寮）開設 大宝律令制定に伴い、成文化された教育制度が誕生し、式部省のもとに大学寮（地方には国学）が設置される。
828	（天長5）	**空海が綜藝種智院を設立** **日本初の私立学校。儒教・仏教（顕教・密教）を扱う総合教育、教育の機会均等（庶民への開放）、給食制導入を特色とし、立身出世目的ではない初の人間教育を実現した。**
1439	（永享11）	上杉憲実が足利学校を再興 上杉憲実は、鎌倉・円覚寺から僧・快元を招いて初代の庠主（校長）とし、足利学校（創建時期不明。日本最古の学校と言われる）の経営に当たらせた。
1593	（文禄2）	藤原惺窩、江戸で徳川家康に進講 藤原惺窩は、それまで五山僧の間での教養の一部であった儒学を体系化して、京学派として独立させた。朱子学を基調とするが、陽明学も受容するなど包摂力の大きさが特徴である。近世儒学の祖と言われ、門弟のなかでもとくに林羅山・那波活所・松永尺五・堀杏庵の4人は惺門四天王と称された。
1601	（慶長6）	徳川家康、伏見に円光寺学校（足利学校分校）を開校 下野足利学校第9代学頭・閑室元佶禅師を招いて建立、僧俗を問わず入学を許した。その後、円光寺は相国寺山内に移り、1667（寛文7）年、現在の一乗寺小谷町に移転された。
1603	（慶長8）	江戸幕府始まる
1607	（慶長12）	林羅山が儒官（公的機関で儒学を教授する者）に就任 羅山が朱子学の講学を始めた結果、従来の漢唐の古註（漢・唐時代の経書の訓詁上の注釈）に代わり朱子学が盛んになる。
1614	（慶長19）	高山右近らキリシタン信者を国外追放
1630	（寛永7）	林羅山、上野忍岡に私塾（学問所）・文庫を建設 羅山は将軍・徳川家光から江戸・上野忍岡に土地を与えられ、私塾（学問所）・文庫と「先聖殿」と称した孔子廟を建てた。のちに「忍岡聖堂」と呼ばれる施設である。この私塾からは多くの門人が輩出し、後世の昌平坂学問所の基礎となった。
1639	（寛永16）	鎖国断行（1641鎖国完成）
1641	（寛永18）	日本で最初の藩校（花畠教場）誕生 岡山藩主・池田光政が創始し、家臣に陽明学を講じた。光政は陽明学に傾倒していたため、中江藤樹の教えを受けていた儒学者の熊沢蕃山を重用した。1651（慶安4）年、庶民教育の場となる「花園会」の会約を蕃山が起草した。

1648（正保5）	**中江藤樹、私塾・藤樹書院（陽明学）を創始** **藤樹は朱子学に傾倒するが次第に陽明学の影響を受け、格物致知論を究明するようになる。その説くところは、身分の上下を越えた平等思想に特徴がある。武士だけでなく農民、商人、職人にまで広く浸透し、江戸の中期頃から自然発生的に「近江聖人」と称えられた。代表的な門人として熊沢蕃山、淵岡山、中川謙叔などがいる。**
1640年代末	**この頃、各地に寺子屋が起こる**
1662（寛文2）	**伊藤仁斎、家塾・古義堂を創始** **古義堂は伊藤仁斎がその生家で開いた儒学を教える家塾。長子の伊藤東涯以下、代々その子があとを引き継いで、別名・堀川学校とも言われた。仁斎は終生いずれの藩にも仕官せず、町の学者としてその生涯を全うした。当時、京都を代表する私塾として名高い。**
1663（寛文3）	聖堂、大改築 幕府は先聖殿の大改築を行い、正殿・杏壇門・入徳門などを完備。官立的要素を帯びる。
1670（寛文10）	日本最古の庶民学校・閑谷黌（閑谷学校）が開校 岡山藩主・池田光政が、藩校・岡山学校に続き、岡山藩立の学校として開く。建築には32年の月日を費やしており、他に例をみない手間隙かけた質とスケールを誇り、330余年の歴史をもっている。地方の指導者を育成するために、武士のみならず庶民の子弟も教育した。また、広く門戸を開き、他藩の子弟も学ぶことができた。
1690（元禄3）	上野忍岡の学寮を神田に移転 5代将軍・徳川綱吉の命による。聖廟を神田（現在の湯島）に移し、翌年、林鳳岡（信篤）を大学頭に任じた。先聖殿を「大成殿」と改称し、大成殿および附属の建物を総称して「聖堂」と称した。
1691（元禄4）	林鳳岡（信篤）、大学頭に任命
1709（宝永6）	**荻生徂徠、私塾・蘐園塾を創立** **荻生徂徠は、将軍・綱吉側近で幕府側用人・柳沢吉保に仕えたが、綱吉の死去と吉保の失脚にあって柳沢邸を出て日本橋茅場町に居を移し、そこで蘐園塾を開く。徂徠派という一つの学派（蘐園学派・古文辞学派）を形成し、多くの優れた学者や文人を門下から輩出。その独創的な学風や思想が、本居宣長らによる国学の形成に影響を及ぼしたと言われる。**
1710（宝永7）	**貝原益軒、『和俗童子訓』を出版** **貝原益軒は、福岡藩費による京都留学で本草学や朱子学等を学ぶ。1664（寛文4）年に帰藩し、150石の知行を得、藩内での朱子学の講義や、朝鮮通信使への応対を任される。『和俗童子訓』は日本で最初の体系的な教育書と言われる。**
1710年代	**この頃、寺子屋が普及し始め、全国的に庶民教育が進展**
1716（享保元）	享保の改革スタート 徳川吉宗が第8代将軍となり、実用主義的立場で行った改革。実学奨励、漢訳洋書輸入の緩和、儒学を基礎とした国民教育の振興を図った。
1719（享保4）	藩校・明倫館（長州藩）創立 長州藩第5代藩主・毛利吉元が、萩城の三の丸追廻し筋に創建。水戸藩の弘道館、岡山藩の閑谷黌と並び、日本三大学府の一つと称される。毛利家家臣の子弟教育を目的としており、士分と認められた者しか入学できなかった。徂徠学、のちに朱子学を中心とした教育を行った。吉田松陰も教鞭を執っている。

1724（享保9）	**漢学塾・懐徳堂設立**	
	大坂の町人ら5人の出資により創立。三宅石庵を学主とし、庶民教育を展開した。緒方洪庵の適塾とともに、大阪大学の源流となった学問所である。	
1729（享保14）	**石田梅岩、私塾・心学舎を創立**	
	石田梅岩は、儒仏に通じた小栗了雲に師事して思想家への道を歩み始め、45歳の時に借家の自宅で無料講座を開き、後に「石門心学」と呼ばれる思想を説いた。その根底にあったのは、宋学の流れを汲む天命論である。「商業の本質は交換の仲介業であり、その重要性は他の職分に何ら劣るものではない」という商行為の倫理的意義を説き、商人の支持を集めた。	
1754（宝暦4）	藩校・時習館（熊本藩）創立	
	熊本藩第6代藩主・細川重賢が設立。重賢は1757（宝暦7）年に藩の医学校・再春館（学校）も建てた。熊本藩士族の文武両道、質実剛健の気風を育てたとされる。幕末期には横井小楠が時習館に学び、塾頭も務めた。1870（明治3）年に廃校。	
1773（安永2）	藩校・造士館（薩摩藩）創立	
	造士館は、鹿児島藩第8代藩主・島津重豪が儒教の聖堂である「宣成殿」、講堂・学寮・文庫などを建設したのが始まり。江戸幕府の昌平黌をモデルとする。隣接する敷地には、「演武館」と命名された弓道場・剣道や柔術などの道場が設けられた。	
1774（安永3）	杉田玄白らが『解体新書』を出版	
1776（安永5）	藩校・興譲館（米沢藩）再興	
	米沢藩第9代藩主・上杉治憲の命により、第4代藩主・上杉綱憲が設立した学問所（1697〈元禄10〉年）を再建して成立した。漢学、筆道、習礼を教え、藩士から選抜された塾生20名を中心に士庶の聴講を許した。「修身治国」を旨とし、政治経済に役立つ「実学」奨励の学風で有為の人材を数多く輩出している。	
1781（天明元）	藩校・弘道館（佐賀藩）創立	
	佐賀藩第8代藩主・鍋島治茂が儒学者に命じて設立。1806（文化3）年、藩士の古賀穀堂が弘道館の教育充実による人材育成と士風刷新などを提言（「学政管見」）、長崎警備のために蘭学習得の重要性を述べている点が注目される。のちの10代藩主・鍋島直正が諸藩に先んじて西洋文明を取り入れることにつながった。大隈重信をはじめ、明治維新期に多くの人材を輩出したことで知られる。	
1783（天明3）	藩校・明倫堂（尾張藩）再興	
	尾張藩第9代藩主・徳川宗睦が再興（1749〈寛延2〉年創立）し、開校。藩士の子弟だけでなく、農民や町人にも儒学や国学を教えた。1785（天明5）年に聖堂が設けられ、1787（天明7）年から復刻を行った『群書治要』などの漢籍は明倫堂版と呼ばれる。1871（明治4）年に廃校となったのち、1899（明治32）年に明倫中学校として復活、愛知県立明和高等学校として現在に至る。	
1786（天明6）	**大槻玄沢、私塾・芝蘭堂を創立**	
	杉田玄白・前野良沢の門人で仙台藩医の大槻玄沢が開塾・運営した蘭学塾。蘭学入門書『蘭学階梯』が広まるとともに、全国から優秀な人材が集まった。1794（寛政6）年の閏11月11日に西暦1795年の元旦を祝うために開催されたオランダ正月の賀宴により、大槻玄沢と芝蘭堂は江戸蘭学の中心的存在となり、全国的普及に大きく貢献したことが分かる。	

1787	(天明7)	寛政の改革(松平定信) 江戸時代に行われた三大幕政改革の一つ。都市打ちこわしによる田沼意次政権崩壊後、老中松平定信を中心として、1793(寛政5)年にかけて実施された。改革の主眼は都市秩序の安定と本百姓体制の再建、幕府財政の立て直し、公儀権威の回復におかれた。その思想・情報統制策の一つに、寛政異学の禁が挙げられる。
1788	(天明6)	藩校・日新館(会津藩)創立 従来の学問所稽古堂を発展・解消して、第5代藩主・松平容頌が1788(天明8)年から追手前大町通りに建設、1799(寛政11)年に命名された。教科は武術、兵学、朱子学を主流とする漢学に加え、和学・神道・算法・習字・習礼・天文・医学・洋学が設けられ、藩士子弟は入学を義務づけられた。
1790	(寛政2)	寛政異学の禁(朱子学の奨励) 老中松平定信が林大学頭信敬に対して、昌平黌における朱子学以外の講学を禁じたもの。古学や折衷学が盛行するなか、幕府は朱子学を正学と定め、寛政の改革における教学政策の前提とした。諸藩にも多大な影響を及ぼし、古学派・折衷学派の排斥と朱子学の復興が相次いだ。
1792	(寛政4)	昌平黌を昌平坂学問所と改め、幕府の正式な教育機関に位置づけ 1630(寛永7)年・1632(同9)年に設置された林羅山の学寮・聖廟を前身とする。寛政の改革時、幕府によって人材が強化され、施設も拡充、藩士・郷士・浪士の入門を許すなど門戸を広げた。
1793	(寛政5)	塙保己一、和学講談所を設立 幕府の公許を得て江戸に設立した学舎。国史・律令を講じ、『群書類従』『武家名目抄』などを編纂。1868(明治元)年廃止。
1797	(寛政9)	昌平坂学問所(聖堂)を官学校(幕府直轄)とする 昌平坂学問所を林家の家塾から切り離し、幕府正規の学問所とした。明治維新後は新政府に接収され、1870(明治3)年廃止。
1798	(寛政10)	本居宣長、『古事記伝』を完成
1805	(文化2)	**広瀬淡窓、私塾・咸宜園を創立** **儒学者・広瀬淡窓によって豊後国日田に成章舎として発足、1817(文化14)年に改称され、1897(明治30)年までほぼ90年にわたって継続した。万人に門戸を開き、実力主義の人材養成と、炊事・飲食・掃除などを塾生に一任するユニークな塾風で知られた。来学者は全国から延べ4,600人に及び、私塾としては近世最大規模を誇った。**
1822	(文政5)	小田原藩主・大久保忠真、二宮尊徳を登用(諸藩藩政改革始まる)
1824	(文政7)	**シーボルト、私塾・鳴滝塾を創立** **長崎郊外の鳴滝に開かれた診療所を兼ねた私塾。シーボルトは出島から通い、診療と臨床講義を行ったほか、自然科学を教授した。高野長英をはじめ50余人に及ぶ俊才を輩出しており、その多くは次代における科学文化発展の担い手となった。**
1825	(文政8)	異国船打払令施行
1828	(文政11)	**シーボルト事件**

	幕府天文方・書物奉行の高橋景保は、シーボルトに国外持ち出し禁制品の伊能忠敬『大日本沿海輿地全図』等を贈ったが、シーボルトが帰国する直前に問題が発覚し、景保は獄死。シーボルトは所持資料没収の上、1829（文政12）年に国外退去、再渡航禁止となる。洋学者らに衝撃を与えた。
1829（文政12）	佐藤信淵、『農政本論』執筆、薩摩藩に奉呈
1830（天保元）頃	**大塩平八郎、私塾・洗心洞を創立**
	大坂町奉行所与力・儒学者であった大塩平八郎が自邸にて開塾。大塩は文武両道に秀で、陽明学に明るかった。洗心洞では、大坂の与力・同心や近隣の豪農とその子弟などに学問を教授した。その思想を記した語録として『洗心洞箚記』がある。
1838（天保9）	**緒方洪庵、大坂に私塾・適塾（適々斎塾）を創立**
	蘭学者・医学者であった緒方洪庵の主導で、蘭書会読や医学・軍事科学などの勉学が行われ、洪庵が1862（文久2）年に江戸へ移るまで、全国から612人が入塾（『姓名録』による）した。塾生は成績ごとに等級で分けられ、熾烈な昇級競争のなか、福沢諭吉、大村益次郎、佐野常民をはじめ近代日本の建設者を数多く輩出している。
1841（天保12）	天保の改革スタート
	天保飢饉（1833 ～ 37）を直接の契機とし、体制維持のため行われた幕政・藩政の改革。幕府では、老中水野忠邦により財政・経済の立て直しと幕府の権威回復を目指して推進された。しかし1843（天保14）年、江戸・大坂周辺の私領地を幕領に編入する上知令を発したことで、関係大名の反対にあって水野は失脚。改革は中途で頓挫した。
	藩校・弘道館（水戸藩）創立
	第9代水戸藩主・徳川斉昭が城内三の丸に設立。鹿島神宮・聖廟を中央に、学舎・文館・武館・天文台・医学館などを建て職制を定めた。その教育方針は徳川斉昭撰『弘道館記』に示され、藩士およびその師弟に、規定に準じた修業を義務づけた。1872（明治5）年に閉館した。
1842（天保13）	江戸麹町に学問教授所設置
	1791（寛政3）年、江戸麹町に服部善蔵が創立した幕府直轄の漢学教授所は、後継者がおらず1816（文化13）年に中断したが、1842（天保13）年、昌平坂学問所直轄で再建された。昌平坂学問所への通い稽古、書籍の貸与もなされた。1868（明治元）年、東京府に接収される。
1853（嘉永6）	米使ペリー浦賀来航
1853（嘉永6）頃	**伊藤玄朴の象仙堂や緒方洪庵の適塾など蘭学塾への入門者急増**
	象仙堂は、1833（天保4）年、江戸御徒町に開塾された。
1854（安政元）	日米・日英和親条約締結
	清河八郎、神田に文武塾を開設
	清川村（現・庄内町）に生まれ育った清河八郎は、当時の最高学府に学び、北辰一刀流を修めた後、25歳にして文武指南の塾（清河塾）を開く。「尊皇攘夷の魁」と言われ、明治維新に大きな役割を果たす。
1855（安政2）	藩校・文武学校（松代藩）創立

	松代藩第8代藩主・松代幸貫が、水戸・弘道館にならって計画し、第9代藩主・松代幸教の時代に完成。近代的な学校の先駆けで、藩士の子弟が学問と武道を学んだ。東洋・西洋の医学、小笠原流礼法のほか、西洋の軍学など、先進的な教育も行われた。
1856（安政3）	幕府、蕃書調所設立（講武場を講武所に改称）
	蕃書調所は、ペリー来航を機に危機感を抱いた幕府が設立したもので、蘭学を中心とする洋学教育を行うとともに、翻訳事業や欧米諸国との外交折衝も担当。翌年、開成所と改称された。講武所は1854年に開設された軍事修練所で、旗本や御家人の子弟に剣術、砲術などを教授した。
1857（安政4）	**吉田松陰、私塾・松下村塾を引き継ぐ**
	もともとは1842（天保13）年に開設された漢学私塾で、身分や階級にとらわれず塾生として受け入れた。吉田松陰が主宰者となって以降は、「人間としての道」を知ることを学問の目的として人間教育を展開。松陰の唱える尊皇攘夷を思想的な軸に、儒学や兵学、史学などが広く教授され、師弟や塾生が活発に議論も行った。松陰は1958（安政5）年の安政の大獄に連座し、翌年刑死するが、塾で学んだ多くの人材が明治維新の原動力となり、明治新政府で活躍した。
1858（安政5）	安政の大獄（～1859）
	大老井伊直弼が尊攘派に行った弾圧。井伊は勅許を得ず日米修好通商条約に調印、さらに将軍後継問題を強硬に処理した。吉田松陰をはじめ、これを批判した者たちを大々的に処罰した。幕府は逮捕者を江戸に護送して断罪・処刑、反対派を一掃したが、幕府自体の力を弱めることになった。
	幕府、長崎に英語伝習所を設立
	国学、漢学、洋学の3局を設置、1871（明治4）より文部省所管となる。英語伝習所はその後、洋学所、済美館、広運館と改称。
	福沢諭吉、鉄砲洲に蘭学塾を開設
	緒方洪庵の適塾で塾長を務めた後、築地鉄砲洲にある中津藩屋敷内の小さな長屋で蘭学の家塾を開く。翌年、英学に転向。1868（慶応4）年、鉄砲洲から芝新銭座に移り、時の年号（9月明治に改元）にちなんで「慶應義塾」と名づける。「独立自尊」を掲げ、合理的に考えることの重要性を唱え、身をもってそれを示した。
1859（安政6）	**嘉永・安政年間、寺子屋が急増する**
1860（安政7）	桜田門外の変（井伊直弼横死）
	幕府、幕臣子弟の洋学習得、藩書調所入学を奨励
1863（文久3）	幕府、学問所奉行を新設、洋書調所を「開成所」と改称
1864（文久4）	**ヘボン夫人、横浜に女塾を開設（最初のキリスト教女子教育機関）**
1867（慶応3）	大政奉還。王政復古の大号令
1868（明治元）	明治維新
1870（明治3）	**横浜に英学塾（現・フェリス女学院）、東京にA六番女学校が開校**
1871（明治4）	大学を廃し、文部省（現・文部科学省）を創設。学区制採用
	横浜共立学園、芳英女塾（現・女学院）が開校
1872（明治5）	学制発布、これに基づき東京女学校を開設。学区制採用

	日本の近代学校制度に関する初の総合的基本法令として公布。文部省が欧米先進諸国の教育制度を参考に立案したもので、大中小の学区、学校、教員、生徒試業、海外留学生、学資などを定めた。従来の身分的学校を廃し、全国民の就学、実学思想、個人の立身出世の思想などが表明されたが、強引な実施や重い経費負担等により国民との齟齬が生じ、1879（明治12）年の教育令公布に伴い廃止された。
	東京に日本初の官立師範学校設立
	小学教則・中学教則を頒布
1874（明治7）	文部省布達により学校の官立・公立・私学の種別を明確化
1875（明治8）	東京に女子師範学校を設立
	新島襄、同志社英学校（現·同志社大学）を設立
	新島は、学問の探求とともに、キリスト教を徳育の基本として人格を陶冶する教育機関を目指し、同志社において「キリスト教主義に基づき、自治自立の精神を涵養し、国際感覚豊かな人物を育成すること」を教育の理念とした。
1877（明治10）	東京大学創立（東京開成学校と東京医学校を合併）
	財政緊縮のため官立師範学校が相次いで廃止
	東京英語学校と東京開成学が合併して東京大学予備門（第一高等学校の前身）と改称
1879（明治12）	学制を廃して教育令制定
1880（明治13）	改正教育令制定
	教育令の現状適応主義を改め、国家基準を明示すると同時に、養育費国庫補助を廃止。
1882（明治15）	東京女子師範学校、付属高等女学校を設置
	初めての高等女学校（現・お茶の水女子大学附属高等学校）が誕生する。
	大隈重信、東京専門学校（現·早稲田大学）を創立
	国会開設をめぐる政治抗争で下野した大隈重信が、小野梓、高田早苗、天野為之らと開設。当初から政治的風圧が強く、これに抗して反骨・在野の精神を貫く学風を築き上げてきた。1902（明治35）年、早稲田大学と改称。大学部、専門部、高等予科、研究科を設置、1920（大正9）年、大学令による大学となる。
1884（明治17）	中学校通則・商業学校通則を制定
	中学校通則は、中流人士・上級学校進学者の育成を目指す。
	東京高等商業学校（現・一橋大学）設立
1885（明治18）	教育令を再改正
	目的は地方教育費の節減。
	文部省、府県立・町村立学校は原則として授業料徴収を指示
1886（明治19）	3月、帝国大学令公布（東京大学改組）
	小学校令・中学校令・師範学校令公布
	小学校令で4年間の義務教育が定められる。中学校令公布に伴い、尋常中学校は各府県1校、高等中学校は全国に5校と規定。
1887（明治20）	この年、尋常中学校48校（公立43校・**私立5校**）、教員数561人・生徒数1万177人
1889（明治22）	大日本帝国憲法発布

1890	(明治23)	教育勅語(教育ニ関スル勅語)発布 第2次世界大戦後の教育改革まで、日本の教育理念の指針とされた。
1891	(明治24)	中学校令改正 公立尋常中学1府県1校の制限撤廃、高等女学校を尋常中学校の一種とする。
1894	(明治27)	高等学校令公布 高等中学校を高等学校へ改称。
1895	(明治28)	文部省、高等女学校規程を公布 尋常小学校4年修了で遊学、修業年限6年。
1897	(明治30)	帝国大学を東京帝国大学と改称し、京都帝国大学を設立
1899	(明治32)	中学校令改正 尋常中学校を中学校と改称、男子の高等普通教育機関とし、修業年限5年。
		高等女学校令・実業学校令を公布 高等女学校令は、男子の中学校に対応する女子の高等普通教育機関(修業年限原則4年)、実業学校令は中等程度の実業学校に関する最初の統一的法令である。
		私立学校令を公布 **私学に対する最初の包括的な統制。それまで私学に対する国家の政策は、「援助なし・統制なし」とされたが、同令によって私学の基盤が一定整備され、日本の近代教育のなかで私学の存在が正当なものに位置づけられる一方で、国家の教育行政から統制を受けるようになる。**
1900	(明治33)	小学校令を全面改正 尋常小学校を4年制に統一したほか、義務教育として授業料の徴収を廃止した。 **津田梅子が女子英学塾(現・津田塾大学)、吉岡弥生が東京女医学校(現・女子医科大学)、翌年に成瀬仁蔵らが日本女子大学を設立**
1902	(明治35)	高校・大学予科入試に総合試験制採用 受験生の増加に対応したもので、成績順に希望校へ入学できた。
		この年、小学校への就学率が初めて90%を上回る(通学率は68.4%)
1903	(明治36)	専門学校令を公布 大学以外のさまざまな高等教育機関が「専門学校」として統一された。
1907	(明治40)	小学校令を改正 義務教育年限を6年に延長(尋常科6年・高等科2年)。これに伴い、中学校・高等女学校への入学資格は尋常小学校卒業程度(従来は高等小学校2年修了程度)に変更される。
1910	(明治43)	高等女学校令を改正 実科高等女学校の設置を認める。
		義務教育の就学率98%(通学率は90%)に上昇
1918	(大正7)	大学令・高等学校令を公布 大学令により、分科大学を学部に改め、公私立大学・単科大学設立を認める。高等学校令により、修業年限を尋常科4年(旧制中学校相当)、高等科3年の7年制に改められる。

1920（大正9）	**慶應義塾・早稲田、大学令による最初の私立大学として設立認可**
	続いて同年、明治・法政・中央・日本・國學院・同志社も認可される。
	東京高等商業学校専攻部、東京商科大学（現・一橋大学）に昇格
	高等女学校令を改正
	5年制高等女学校と高等科、専攻科の設置を認める。
1922（大正11）	**根津財閥初代総帥の根津嘉一郎により、私立で最初の7年制高等学校（旧制武蔵高等学校〈現・武蔵大学〉）誕生**
1927（昭和2）	中学校・高等女学校、選抜方法を変更
	入試競争を是正するため、筆記試験から内申書・人物考査・身体検査へ改める。
1941（昭和16）	国民学校令公布
	小学校を国民学校と改称、教科を国民科・理数科・芸能科・体錬科に統合する。
1943（昭和18）	中等学校令改正
	修業年限を1年短縮して4年制にするとともに、教科書を国定化する。
	学徒出陣
1944（昭和19）	学童集団疎開
1945（昭和20）	8月15日終戦。GHQ（連合国最高司令官総司令部）が4大指令
	具体的には、①日本教育に対する管理政策、②教育関係者の追放・教壇復帰、③国家神道・神社神道に対する政府の保証・支援等の廃止、④修身・日本歴史・地理の授業停止・教科書回収――である。
1947（昭和22）	教育基本法・学校教育法公布
	国民学校令・中等学校令・師範学校令・大学令等を廃止する一方、6・3・3・4制を規定する。
	新学制による小学校・中学校発足
	義務教育期間は9年間に延長。暫定措置として旧制中等学校（旧制中学校・高等女学校・実業学校）に新制の併設中学校が設置され、1年生の募集が停止された（在籍者は併設中学校の生徒へ）。**私立に関しては募集を継続し（併設中学校を廃止せずに）、中高一貫校として存続している学校もある。**なお、新制中学校は財政難のため校舎建築が進まなかった。
	学習指導要領作成
	以降、ほぼ10年ごとに改訂されることになる。
1948（昭和23）	新学制による高等学校発足
	旧制高等学校は廃止され、多くは新制大学の教養学部などに吸収。高等女学校は新制高等学校に改編された。
1949（昭和24）	**私立学校法を制定**
	私立学校に関する教育行政と学校法人について定めた法律。私立学校はその自主性を尊重するとともに、公共性にも十分配慮することにより、その健全な発達が期待された。
1952（昭和27）	中央教育審議会（中教審）設置

		文部大臣の諮問機関。文部大臣の諮問に応じて、教育・学術・文化に関する重要施策について調査審議。1984（昭和59）年、内閣直属の臨時教育審議会発足以降、存在意義を失う。
		私立学校振興法を公布
		特殊法人私立学校振興会（政府全額出資）が発足し、政府出資金の低利貸付がスタートする。
1953	（昭和28）	この頃から大学受験の予備校・講習会が急増
1956	（昭和31）	日本高等学校教職員組合結成
1958	（昭和33）	**私立大学で理工系拡充の動き**
1961	（昭和36）	文部省、高校生急増対策全体計画発表
		主な内容は、全日制高校200校増設、教員大幅増員、1970（昭和45）年度までに高校進学率70%以上などである。
1962	（昭和37）	文部省、高等学校生徒急増対策を決定
		高等専門学校を設置
		5年制で、国立12校・私立7校（いずれも工業）が開校する。
1965	（昭和40）	高校進学率70%を超える
		最高は東京都（86.8%）、最低は青森県（54.3%）。
		大学生数、100万人を突破（**72%が私大生**）
1966	（昭和41）	中教審、後期中等教育の拡充整備について答申
		高校多様化を強調する。
1967	（昭和42）	都立高校入試に学校群制度が採用
		複数の学校で「群」を作り、その中で学力が平均になるように合格者を振り分ける方法。受験戦争の過熱化に対応するかたちで導入された。この制度導入以降、都立日比谷高校をはじめ、名門都立高校の難関大学進学実績は長期低落に向かった。1982年度からグループ合同選抜、1994（平成6）年度には単独選抜方式へ変更。
1969	（昭和44）	**私立大学7団体代表、私学人件費50%国庫補助を要望**
		これを受けて、文部大臣は明年度予算に初の100億円計上を約束する。
		小・中学校全学年、教科書無償へ
1970	（昭和45）	**日本私学振興財団法公布**
		同財団設立を受け、私立大学等経常費補助金が創設、私立大学等の人件費を含む教育研究に係る経常的経費に対する補助が開始された。また、高等学校以下の私立学校に対しても、都道府県において経常費補助が行えるよう地方交付税により都道府県に対する財源措置が講じられる。
1972	（昭和47）	自治省、公立高校授業料値上げ（1.5～2倍）方針を決定
1974	（昭和49）	**私立高校の授業料値上げが相次ぐ**
		東京の私立高校229校中203校が値上げ。月平均授業料は8,353円（都立高は800円）に。
		高校進学率90%を超える

1975（昭和50）	**私立学校振興助成法公布**
	大学・高専の経常費の半額国庫補助などを規定。私立学校が国の財政援助についての法的保障の下に教育条件の維持向上などの努力ができることになったという意味で、私学振興史上画期的な措置とされる。
	東京都立高校合格者の入学辞退者が急増
	入学辞退者は合格者の12.8%（7,611人）に達した。
	全国知事会、公立高校新増設に関する調査結果を発表
	希望者全員入学を目標とし、3カ年に441校の増設、総経費5,086億円が必要とする。
1977（昭和52）	小・中学校学習指導要領改定案
	主な内容は、ゆとりと充実を謳い、教科内容・時間数削減、君が代を国歌と規定などである。
1978（昭和53）	高校学習指導要領改定案
	主な内容は、必修科目・単位削減、社会科に「現代社会」新設、習熟度別学級編成などである。
1979（昭和54）	初の国公立共通1次試験実施（～1989年度）
1980（昭和55）	この頃から教科書問題の議論活発化
1983（昭和58）	中教審、教科書のあり方について答申
1984（昭和59）	学校教育法施行規則の一部改正
	「学力検査の同一時期・同一問題」という高校入試制度の根幹が消滅し、明治から昭和初期までの学校別入試制度へ回帰する。
	内閣直属の臨教審（臨時教育審議会）発足
1989（平成元）	高等学校の「学習指導要領」告示
	文部省がゆとり教育の導入を狙った教育課程。社会科を「地理歴史科」「公民科」に分類。選択教科の履修幅を拡大する。
1990（平成2）	初の大学入試センター試験実施
1991（平成3）	中教審による「新しい時代に対応する教育の諸制度の改革について」答申
	受験戦争の緩和策を提言する。
	文部省、小・中学校の指導要録改定を通達
1992（平成4）	学校週5日制（第2土曜日）開始
	1995（平成7）年度より月2回、2002年度より完全実施となる。
	大学・短大の志願者数がピーク（121.5万人）
1993（平成5）	学校教育法施行規則の一部改正
	単位制高校、調査書なしの高校入学者選抜、高校間連携、総合学科開設など。
	文部省、「高等学校の入学選抜について」通知
	学力偏重、業者テスト依存の改善を要望する。
1994（平成6）	高等学校「学習指導要領」実施
	新しい単位制高校および総合学科高校発足
1995（平成7）	いじめ問題への対策が具体化

1996（平成8）	中教審「21世紀を展望した我が国の教育の在り方について」第1次答申 「生きる力」の育成と「ゆとり」の確保を強調する。
	教育課程審議会が発足 次期学習指導要領の内容を検討する。
1997（平成9）	教育課程審議会による「教育課程の基準の改善の基本方向について」中間まとめ発表 「総合的な学習の時間」の導入などを提示。
	中教審「21世紀を展望した我が国の教育の在り方について」第2次答申 主な内容は、中高一貫校の設置、高校・大学入試の改善、教育上の例外措置などである。
1998（平成10）	中教審「21世紀を展望した我が国の教育の在り方について」最終答申 「心の教育」への提言を盛り込む。
	「学校教育法等の一部を改正する法律」成立 1999（平成11）年4月より公立学校で中高一貫教育を選択的に導入することが可能となる。
1999（平成11）	高等学校「学習指導要領」告示
2001（平成13）	文部科学省発足（文部省と科学技術庁が統合）
2002（平成14）	新学習指導要領に基づく教科書の使用開始 いわゆる「ゆとり教育」スタートする。
2004（平成16）	国立大学が法人化
2006（平成18）	改正教育基本法が公布・施行 従来の「個人の尊厳」を継承しつつ、教育の目標に「我が国と郷土を愛する態度を養う」（愛国心）、「公共の精神」を盛り込んだ。**「私立学校の公共性」が文言として付け加えられた。**
2008（平成20）	教育振興基本計画策定 中央教育審議会答申に沿って学習指導要領を改訂。授業数増加などゆとり教育からの転換が盛り込まれた。2011年度から小学校、2012年度から中学校で実施。
2010（平成22）	公立高等学校の授業料無償化開始
2013（平成25）	第2期教育振興基本計画を策定
	高等学校学習指導要領改訂 「生きる力」をはぐくむ教育とし、基礎的な知識や技能の習得と思考力、判断力、表現力の育成を強調（脱ゆとり教育）する。

参考文献一覧

『外国人が見た近世日本――日本人再発見』竹内誠監修、山本博文・大石学・磯田道史・岩下哲典著、角川学芸出版
『世界の偉人たちが贈る 日本賛辞の至言33撰』波田野毅著、ごま書房新社
『儒教と日本』山下龍二著、研文社
『江戸の教育力 近代日本の知的基盤』大石学著、東京学芸大学出版会
『江戸の教育力』高橋敏著、筑摩書房
『江戸に学ぶ人育て人づくり』小泉吉永著、角川SSコミュニケーションズ
『江戸の躾と子育て』中江克己著、祥伝社
『藩校・私塾の思想と教育』沖田行司著、日本武道館
『日本人をつくった教育 寺子屋・私塾・藩校』沖田行司著、大巧社
『どのような教育が「よい」教育か』苫野一徳著、講談社
『日本教育小史』山住正己著、岩波書店
『教科書でみる 近現代日本の教育』海後宗臣・仲新・寺﨑昌男著、東京書籍
『日本人の本質』中西輝政著、日本文芸社
『まじめの崩壊』和田秀樹著、筑摩書房
『情緒と日本人』岡潔著、PHP研究所
『日本人の美徳 誇りある日本人になろう』櫻井よしこ著、宝島社
『教育は国家百年の大計―私の教育改革試論』占部賢志著、モラロジー研究所
『教育大国"日本丸"は何処へ』中島章夫著、エヌ・アンド・エス企画
『ヨーロッパの教育現場から――イギリス・フランス・ドイツの義務教育事情』下條美智彦著、春風社
『サッチャー改革に学ぶ 教育正常化への道――英国教育調査報告』中西輝政監修、英国教育調査団編、PHP研究所
『イギリス「教育改革」の教訓』阿部菜穂子著、岩波書店
『イギリスの教育改革と日本』佐貫浩著、高文研
『日本私立中学高等学校連合会三十年史 私学の創立者とその学風』日本私立中学高等学校連合会

『未来を切りひらく学校教育 私立学校のあゆみと展望』日本私立中学高等学校連合会編、杉山克己著、学事出版
『学校の戦後史』木村元著、岩波書店
『日本の教育格差』橘木俊詔著、岩波書店
『47都道府県の名門高校 藩校・一中・受験校の系譜と人脈』八幡和郎・CDI著、平凡社
『日本の高校 成功と代償』トーマス・ローレン著、友田泰正訳、サイマル出版会
『公立学校の底力』志水宏吉著、筑摩書房
『なぜ公立高校はダメになったのか』小川洋著、亜紀書房
『公立VS私立 データで読む「学力」、「お金」、「人間関係」』橘木俊詔著、ベストセラーズ
『むかし〈都立高校〉があった』奥武則著、平凡社
『愉快に日比谷高校』久野猛著、日本加除出版
『名門校とは何か？ 人生を変える学舎の条件』おおたとしまさ著、朝日新聞出版
『講座 日本の高校教育』清水一彦監修、藤田晃之・高校教育研究会編著、学事出版
『2050 老人大国の現実』小笠原泰・渡辺智之著、東洋経済新報社
『日本の少子化 百年の迷走——人口をめぐる「静かなる戦争」』河合雅司著、新潮社
『日本改革原案 2050年成熟国家への道』小川淳也著、光文社
『なぜ日本の公教育費は少ないのか』中澤渉著、勁草書房
『新しい「教育格差」』増田ユリヤ著、講談社
『進学格差——深刻化する教育費負担』小林雅之著、筑摩書房
『下流志向』内田樹著、講談社
『公立中高一貫校』小林公夫著、筑摩書房
『人間選別工場 新たな高校格差社会』斎藤貴男著、同時代社
『三田評論』2014.12、慶應義塾

著者紹介

摺河 祐彦（するが まさひこ）

1960（昭和35）年5月、東京都生まれ。明治大学大学院政治経済学研究科経済学専攻博士前期課程修了。1992（平成4）年4月、兵庫県播磨高等学校校長に就任し、現在に至る。

日本私立中学高等学校連合会副会長、近畿私立中学高等学校連合会会長、兵庫県私立中学高等学校連合会理事長を務め、日本における私学全体の発展に向けた公的な取り組みにも力を注ぐ一方、京都大学学際融合教育研究推進センター特任教授、公益財団法人未来教育研究所副会長に加え、2015（平成27）年にはポーランド共和国名誉領事にも就任した。

兵庫県播磨高等学校では、1974（昭和49）年から独自の教科「教養科」を開設し、「建学の精神」の具現化に努めると同時に、近年はタイ王国・ポーランド共和国・インドネシア共和国の女子校と姉妹校提携を実施。さまざまな交流を通じて、日本文化の大切さを認識し、日本女性の美風を身につけた国際教養人の育成に取り組むなど、「建学の精神」のさらなる進化・発展に力を尽くしている。

編集協力・株式会社アピックス
ブックデザイン・西中 賢（西中デザイン事務所）

教育の力、私学の力

2016 年 3 月 20 日 初版印刷
2016 年 3 月 30 日 初版発行

著　者　　　摺河祐彦

発行者　　　小野寺優
発行所　　　株式会社河出書房新社
東京都渋谷区千駄ヶ谷 2-32-2
電話　03-3404-1201（営業）
03-3404-8611（編集）
http://www.kawade.co.jp/
印刷・製本　株式会社平河工業社

ISBN 978-4-309-92083-2
Printed in Japan